AN DER
Nordsee

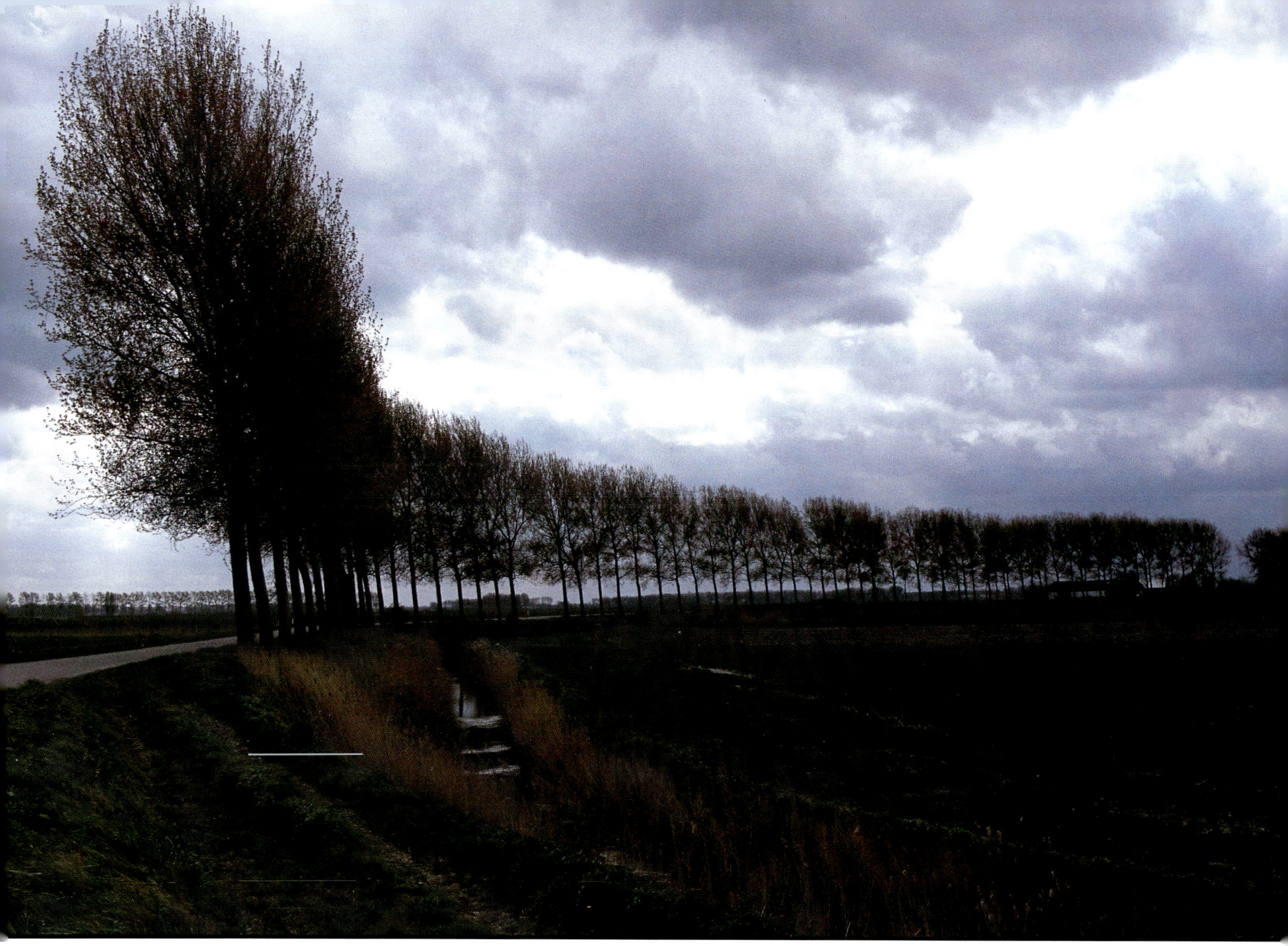

AN DER Nordsee

Von der Lust zu leben zwischen Polder und Meer

Brigitte Forgeur (Text)

Christian Sarramon (Fotos)

GEV

Die französische Originalausgabe ist erschienen bei La Renaissance du Livre in Tournai
ISBN 2-8046-0309-1

© 2001, GRENZ-ECHO VERLAG GEV
Marktplatz 8
4700 Eupen (Belgien)

D / 2001 /3071 / 1
ISBN 90-5433-142-9

Gestaltung und Übersetzung: Guido Thomé

Kartografie: Études et Cartographie (Lille)

Druck: Druckerei Grenz~Echo, Eupen (Belgien)

Nichts aus dieser Ausgabe darf vervierlfältigt, in einen Datenbestand übernommen und/oder veröffentlicht werden, sei es elektronisch, mechanisch, durch Fotokopien, Aufnahmen oder auf gleich welche andere Art und Weise ohne vorherige schriftliche Genehmigung von Seiten des Herausgebers.

Inhalt

I. Ein wenig Geschichte zum Geleit S. 6

II. Eine Küste voller Gegensätze S. 16

III. Ostende – wie Phönix aus der Asche S. 24

IV. Die Westküste: Küste der Boheme S. 42

V. Luxus und Paradoxie: Die Ostküste S. 76

VI. Zeeland: Mit dem Meer und gegen das Meer S. 108

VII. Brügge, die Unwandelbare S. 122

VIII. Im Brügger Hinterland S. 140

Anhang:
- Die besten Adressen an der Nordsee S. 155
- Bibliografie S 159
- Dank S. 160

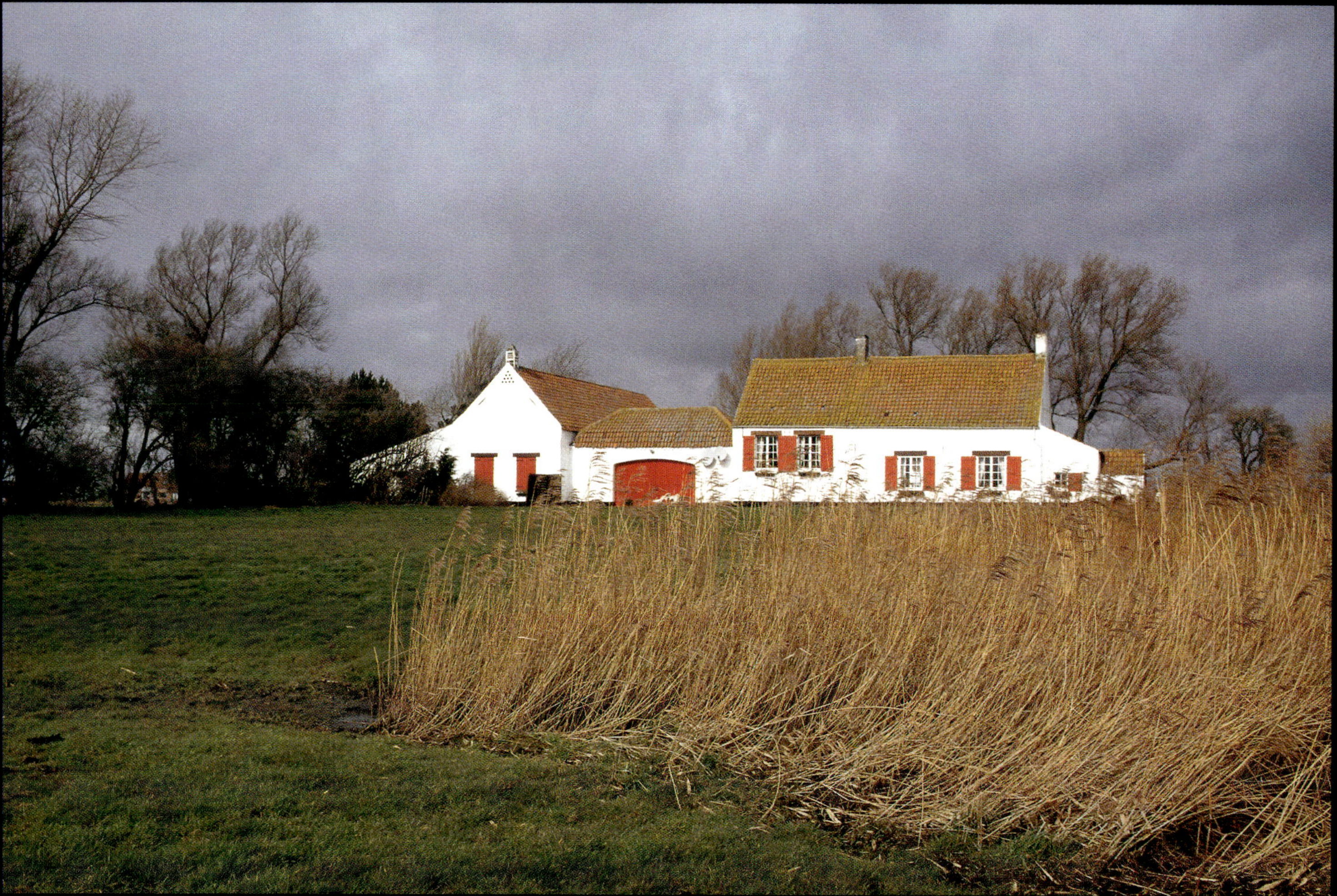

Sie ist launisch, die Nordsee. Heute grau und grün, morgen blau im Sonnenschein, als wolle sie den Touristen eine Freude bereiten. Und übermorgen schwarz und weiß, wenn sie zürnt. Manchmal streichelt sie die weiten Strände, die sie als Komplizin des Mondes unablässig überschwemmt und wieder freigibt. Bei Ebbe streckt sich der blasse Sand zum Horizont, bedeckt mit kleinen Tümpeln, und die Muscheln schimmern perlmuttfarben. Der Himmel scheint von soviel Frieden besänftigt, doch schon erhebt sich der Wind wieder, zeigt Stärke und lässt die Wellen hochschlagen, wird zu einem Sturm von barbarischer Gewalt. Die Fluten schwellen an, messen ihre Kraft an den Wellenbrechern, bevor die Brandung über die Dämme spült. Die Trawler nehmen Kurs auf den Hafen, in ihrem Fahrwasser tanzen die Möwen freudentrunken Balett. Das Wasser überflutet den am Morgen verlassenen Strand wieder, bis eine schaumige Gischt an die Deiche der Menschen klopft.

Auch diesmal lässt die Nordsee den Menschen die Freude über das jahrhundertelang mühevoll abgerungene Land. Wie lange noch? Immer wieder hat sie eindrucksvoll ihre Stärke unter Beweis gestellt, nur gegeben, um zu nehmen, die Polder zurückgelassen, um sie wieder zu überschwemmen und mit furchtbaren Stürmen daran zu erinnern, dass sie es ist, die entscheidet ...

Um 70.000 vor Christi Geburt hatte die Eiszeit den Meeresspiegel derart absinken lassen, dass man zu Fuß vom späteren Frankreich ins künftige England reisen konnte. Mit der Eisschmelze 10.000 vor Christus verleibte die Nordsee sich in aller Ruhe Flandern ein, bis zum heutigen Brabant. Dabei handelte es sich nicht um eine einfache Überflutung, sondern um ein langsames, progressives, gefürchtetes Phänomen, das mit dem Begriff „Meeresvorstoß" umschrieben wird und bei dem Meer und Schlick Ufer und Land für Jahre oder Jahrhunderte überfluten.

Im 11. Jahrhundert vor Christus zwang eine Klimaerwärmung die Nordsee, Teile des eroberten Landes wieder abzugeben. Nur zögerlich ließen die Menschen sich in der kargen Vegetation der sich bildenden Dünen nieder. Sie bauten Pirogen – ein Vorgeschmack auf die lange Tradition flämischer Fischer. Um sich den Gezeiten anzupassen, setzten sie ihre Hütten auf Pfähle. Sie sollten sich festklammern an diese unwirtliche Küste, deren Konturen ständig wechseln.

Hundert Jahre später konnte Julius Cäsar diesen westlichen Teil der Nordsee nur mit Mühe einnehmen. Die bedauernswerten Legionäre wussten nicht, wo das Meer aufhört und das Land beginnt. Die Einheimischen halfen sich gegenseitig im Kampf gegen die furchteinflößenden Fluten. Cäsar beschloss, das spätere England einzunehmen. Zwei dramatische Versuche reichten nicht aus, die Völker zu besiegen, die ständig den Angriffen der Nordsee ausgesetzt waren. Eine politische List, die auf den Berichten seiner Spione basierte, ließ ihn einen zweifelhaften Sieg erringen. Angewidert beließ er es dabei. Es sollte ein weiteres Jahrhundert dauern, bis Kaiser Claudius die Römer zum Sieg über die feindseeligen Ufer führte und in England einfiel.

Im III. Jahrhundert gehörte die Nordsee friesischen und sächsischen Piraten, die systematisch Handelsschiffe überfielen. Die Römer beauftragten Aurelius Carausius, die Ordnung wiederherzustellen. Die Ursprünge dieser außergewöhnlichen Persönlichkeit sind nicht genau bekannt. Für die einen soll er Menapier, für die anderen Bretone gewesen sein. Aurelius Carausius wurde zum Herrscher der Nordsee, löste sich von der römischen Oberherrschaft, die er öffentlich herausforderte, erklärte sich zum Kaiser und gründete ein Reich, das für viele das erste britannische Reich ist. Als er von einem neidischen Minister ermordet wurde, übernahmen die Römer wieder die Kontrolle über die Region. Das bedeutete gleichzeitig das Ende für die Abenteuer der Piraten, die – von Aurelius Carausius angefeuert – die Route nach Afrika entdeckt hatten. Der Niedergang des Römischen Reiches im VI. Jahrhundert fiel zusammen mit einem neuen Meeresvorstoßes, der bis zum VIII. Jahrhundert dauern sollte. Die Küstendörfer verschwanden unter einer meterhohen Schlikkschicht. Die gallo-romanischen Einwohner, die sich der Fischerei, der Schafzucht und der Salzernte verschrieben hatten, flohen in gastlichere Gefilde. Die großen Überflutungen bildeten die trichterförmige Mündung *Sincfal* – den späteren Zwin – zwischen Heist und Cadzand. So entstand eine natürliche Grenze gegen die Friesen, die sich auf diesem noch sumpfigen und unsicheren Landstrich niedergelassen hatten.

Im VIII. Jahrhundert wandelten sich die Schorren in Salzweiden. Schäfer zogen mit ihren Herden durchs Moor. Sie benutzten immer dieselben Wege, die sich langsam befestigten. Manche wurden zu öffentlichen Wegen. Aus den Schäfern wurden Bauern, die Deiche bauten, Schorren trocken legten und ihre Höfe auf den Poldern bauten. Dörfer wie Oostkerke und Lissewege entstanden auf den Anhöhen, die sie errichtet hatten. Im Jahr 830 griffen dreizehn Wikingerschiffe die flandrische Küste an, wurden aber. werden problemlos zurückgeschlagen. Niemand ahnte, dass es sich nur um eine Vorhut handelte. Einige Jahre später kamen die Wikinger zuhauf. Der karolingische Kaiser Lothar war kein ernstzunehmender Gegner. Flandern wurde zum gelobten Land für die nordischen

Eroberer. Unter Knud den Store (Knut der Große) war die gesamte Nordsee ein großer skandinavischer See. Abgestoßen von der Kraftlosigkeit der Karolinger, griff die Bevölkerung zu den Waffen und scharte sich um lokale Herren, die ihren eigenen Krieg gegen die Eroberer führten, Ruhm und immer mehr Macht erwarben. Der tapferste unter ihnen war ohne Zweifel Baudouin Bras de Fer. Er eroberte von den Wikingern einen Anlegeplatz zurück, *Brygia*, und ließ dort eine Burg bauen. So wurde im Gnadenjahr 862 Brügge geboren. Karl der Kahle, König von Frankreich, hielt seine früh verwitwete hübsche Tochter gefangen – für eine politische Hochzeit. Baudouin entführte die Dame und bat um ihre Hand. Nicht nur das wurde ihm zugestanden, als Mitgift erhielt er außerdem Flandern. Baudouin Bras de Fer, großer Herausforderer der Wikinger, wurde erster Graf von Flandern. Er ließ die Burg von Brügge umbauen und die Reliquien des heiligen Donatius dorthin bringen. In diesem Schloss sollten die mächtigen Grafen von Flandern residieren. Unter ihrer Herrschaft erlebte die Region eine Blüte sondergleichen. Mitte des X. Jahrhunderts war Arnould I. so mächtig, dass er gleichgestellt mit dem König von Frankreich und dem deutschen Kaiser verhandeln konnte.

Die Grafen traten die eingedeichten Ländereien an den Herren ihrer Umgebung ab, die daraus Bauernhöfe machten. Die Tempelhöfe (Abteien) entwickelten sich, indem neue Schorren trockengelegt wurden, die von Tausenden Mönchen urbar gemacht wurden. Die Abteien zahlten trotzdem weiterhin den Zehnten an den Grafen.

Im XI. Jahrhundert flutete ein neuerlicher, weniger gewaltiger Meeresvorstoß die Mündungen von Yser und Zwin. An den Ufern des neuen Flussbettes der Yser entstand *Novus Portus* oder Nieuwpoort. Das Meer grub, ausgehend vom Zwin, einen tiefen Kanal. Ein an seinem Ende schiffbarer Deich (Damm) wurde gebaut. Mit dem ihnen eigenen Kampfgeist und mit viel Hartnäckigkeit bauten die Flamen riesige Deiche: unter anderem den beeindruckenden Evendijk zum Schutz der fruchtbaren Ländereien von Koudekerke (Heist) bis Damme.

Die Nachfahren von Arnould I., Baudouin IV. und Baudouin V. erweiterten die Grenzen der Grafschaft. Der jüngste Bruder von Baudouin V., Robert der Frise, machte Flandern zu einer unabhängigen Macht, befreit von Vassallenbündnissen mit Deutschland und Frankreich. Hauptstadt wurde Brügge. Unter seiner Herrschaft änderte sich das Statut der Städte, die immer mächtiger wurden.

Im XIII. Jahrhundert war Damme wichtigster europäischer Hafen. Die Städte mit Brügge an der Spitze waren so reich geworden, dass sie sich der födalen Autorität entziehen. Patrizier hielten die Zügel der Macht in ihren Händen und geißelten das Volk mit Arbeit und Steuern. Handwerker und Arbeiter lehnten sich auf. Der Graf vom Flandern, Guy de Dampierre, setzte sich für sie ein, während Philipp IV. oder der Schöne, König von Frankreich, den Adel unterstützte. Außerdem untersagte er jeglichen Handel mit den Engländern, mit denen er sich im Kriegszustand befand. Für die flandrische Tuchindustrie war das der Ruin. Der Konflikt artete zum Krieg aus.

Am 11. Juli 1302 versammelte Philipp der Schöne eine 50.000 Mann starke Armee vor den Mauern von Kortrijk. Ganz Flandern hatte zu den Waffen gegriffen. Die Flamen hatten den Schauplatz sorgfältig ausgesucht, ausgerüstet waren sie mit fürchterlichen *goedendag* (spießbewehrte Keulen). Am Abend des blutigen Kampfes waren die Elite der französischen Kavallerie und 20.000 Mann der Infanterie auf flämischem Boden gefallen. Die Schlacht der Goldenen Sporen war gewonnen, Flandern war befreit.

Dennoch nahmen die Unruhen kein Ende. 1324 lehnten sich die „kerels" (Küstenbauern) gegen den Machtmissbrauch auf. Angeführt wurde der Aufstand von Brügge, die umliegenden Städte wurden mit einbezogen, nur Gent nicht. Zannekin aus Nieuwpoort und seine 16.000 Flamen wurden diesmal von Philipp von Valois, Bruder von Philipp dem Schönen, vernichtend geschlagen.

Das Hinterland wurde nicht mehr von der Nordsee überflutet. Das heisst aber nicht, dass Ruhe herrschte. Im Gegenteil. Bei mörderischen Stürmen kamen zehntausende Menschen ums Leben. Das Dorf Scarphout wurde 1334 von den Fluten verschlungen, auf der angrenzenden weißen Düne entstand Blankenberge. Auch wenn Ostende immer wieder von Überschwemmungen heimgesucht wurde, florierte die Stadt. Gilles Beuckels aus Ostende erfand ein Aufbewahrungssystem für Heringe: die Fasslagerung. In allen Häfen, sogar in Damme, brauchte man die Spezialisten aus Ostende für die Konservierung der Fische. Die Heringe wurden an den baltischen Küsten – manchmal bis Finnland – gefischt. Um sie zu konservieren, entfernte Beuckels die Innereien, zog die Kiemen mit einem kleinen Messer durch die Backen der frischen Fische. Der Fisch wurde auf ein Salzbett gelegt. Dabei setzte eine Drüse – vergleichbar mit der menschlichen Bauspeicheldrüse – eine Substanz frei, die dem Fisch seinen Geschmack verlieh.

Die großen flämischen Städte sollten sich nie untereinander verstehen. Weder beim Kampf gegen das Meer – noch gegen die Besatzer. Ostende, Brügge, Damme , Sluis und Gent hörten nicht auf, sich zu bekriegen. Ein halbes Jahrhundert später erlebten wir das Schisma: Zwei Päpste stritten sich um den Thron. Die Städte sollten diese Gelegenheit nicht ungenutzt verstreichen lassen. Veurne folgte Papst Clemens VII. (Avignon), Ostende, Blankenberge und Nieuwpoort Papst Urban VI. (Rom). Nieuwpoort war Leidtragende dieses Konflikts und wurde vollständig zerstört durch Henri Despencer, den Bischof von Norwich, der sich mit dem König von Frankreich verbündet hatte.

1338 begann der Hundertjährige Krieg. Die erste Schlacht wurde in der Flussmündung des Zwin geschlagen. Flandern kam durch die Hochzeit von Philipp dem Kühnen mit Marguerite de Maele, Gräfin von Flandern, zu Burgund. Philipp der Kühne hatte Burgund als Apanage von seinem Vater, Jean II. von Frankreich, erhalten. 1385 beendete er mit dem Frieden von Tournai den Aufstand der Genter.

Am 19. November 1404 tobte am Tag der heiligen Elisabeth ein fürchterlicher Orkan – der auf den Namen der Heiligen getauft wurde – über die Küste. Das Meer überflutete einen Teil der Wulpen. Johann ohne Furcht, Sohn von Philipp II. dem Kühnen, organisierte die Arbeiten, bei denen die alten Deiche durch einen einzigen ersetzt werden, den Deich des Grafen Jan (Graaf Jansdijk).

1419 folgte Philipp III. der Gute seinem Vater, Johann ohne Furcht. Die Brügger nannten ihn anerkennend „de Zekere", den Sicheren. Schnell wurde er zum mächtigsten Herrscher Europas. Der Kunstliebhaber ließ Jan Van Eyck an seinen Hof kommen. Er war es auch, der durch seine Heirat mit Isabella von Portugal den Orden des Goldenen Vlieses gründete. 1428 gelang es ihm mit einer Reihe zweifelhafter Manöver, seine Cousine Jokobäa von Bayern auszurauben. Philipp der Gute, Herzog von Burgund, wurde Herrscher der gesamten Niederlande. 1467 folgte ihm sein Sohn. Karl der Kühne schlug den Flamen ein Projekt zur Sanierung des Zwin vor. Die Arbeiten sollten jedoch fehlschlagen. Anstatt das Wasser der Gezeiten nach Sluis zu leiten, beschleunigte die Öffnung der Zwarte-Gat-Polder (die zweite Mündung des Zwin) die Versandung des Hafens. Gegen Ende des XV. Jahrhunderts wurde die Situation des Zwin dramatisch. Die wenigen spanischen Schiffe, die noch mit Brügge Handel betrieben, mussten immer weiter entfernt anlegen. Immer mehr Händler und Bankiers zog es von Brügge nach Antwerpen. Die Schelde ersetzte den Zwin. Sluis versank in der Bedeutungslosigkeit. Doch die Versuche, den Meeresarm/Kanal zu retten, wurden fortgesetzt. Karl der Kühne blieb ohne Sohn. Ihm folgte 1477 seine reizende Tochter, Maria von Burgund. Sie heiratete Maximilian von Österreich: Flandern war nun österreichisch. Ihr Enkel, Karl V., hatte gerade den Thron bestiegen, als 1517

Martin Luther die Ablasspolitik der Kirche an den Pranger stellte und die Reformation einläutete. Zum Kampf gegen diese Ketzerei griff Karl V. auf die furchtbaren Gerichte der Inquisition zurück.

1520 scheiterte das Vorhaben, den Zwin durch einen Kanal mit der Schelde zu verbinden. Wenig später war der Versuch, einen neuen schiffbaren Weg zwischen Sluis und Damme zu bauen, durch die Aktivitäten der Einwohner von Damme zum Scheitern verurteilt. Diese verfeindeten sich mit den Brüggern, weil sie von den Schiffen einen Wegezoll verlangten. Wütend korrigierten die Brügger den Lauf des Kanals, damit dieser Damme möglichst nicht berührte. Der Kanal, der Brügge retten sollte, wurde 1566 freigegeben. Die Enttäuschung war mindestens so groß wie die Hoffnung, die mit den Arbeiten verbunden war. Der Kanal versandete schnell. Brügge gab nicht auf, doch jeder alle Versuche verliefen buchstäblich im Sande.

Leider sollte Flandern mit neuen Sorgen konfrontiert werden. Karl V. verzichtete 1555 zu Gunsten seines Sohnes, Philipps II. Der neue Herrscher begegnete der Reformation mit grausamem Fanatismus. Die Gerichte der Inquisition folterten und mordeten. Unter der Leitung des Oranierprinzen Wilhelm der Schweiger griffen die flämischen Herren zu den Waffen. Sie nannten sich Geusen. Um in Flandern die Ordnung wieder herzustellen, sandte Philipp II. den Grafen von Alba, der den „Rat der Unruhen" einsetzte, der wegen seiner mörderischen Aktivitäten „Blutsrat" genannt wurde. 1572 nahmen die Freiheitskämpfer der Geusen den Hafen von Brielle ein. Wilhelm von Nassau konnte nun auf die Unterstützung von Holland und Zeeland zählen. Ein langer Krieg gegen die Spanier begann.

Die Küste wurde zu einem beliebten Aufenthaltsort der Anhänger Luthers. Die *Doorne Croone*, Rhetorik-Kammer von Nieuwpoort, machte weiter gegen die Kirche mobil. Die Befestigungen von Novus Portus mussten sich zahlreicher Angriffe in Ostende kasernierter spanischer Söldner erwehren. Wenn die Inquisition einen Geusen in die Hände bekam, wurde dieser sofort exekutiert. Nieuwpoort fiel in die Hände der Spanier, Maurice de Nassau blies zum Marsch gegen die Stadt, doch Erzherzog Albert, Schwiegersohn von Philipp II. widersetzte sich. Nach der Schlacht von Lombardsijde verlagerte sich der Konflikt nach Ostende. Die Brügger, gereizt durch die Plünderungen der Militärs, drängten den Erzherzog Albert zum Angriff. Die Belagerung dauerte bereits mehr als drei Jahre. 1604 kapitulierte Ostende vor General Ambrogio, dem Marquis von Spinola.

Unter der Herrschaft der Erzherzöge Albert und Isabella begann eine Friedenszeit.

Dank der Hilfe des Erzherzogs selbst erholte Ostende sich schnell. Den nach Zeeland geflüchteten Ostendern versprach Albert „zwölf Jahre Befreiung von Taxen und Steuern, unter der Voraussetzung als gute Katholiken unter unserer Herrschaft zu leben". Einziger Wermutstropfen waren die Piraten, welche die Sicherheit der Handelsschiffe bedrohten. Angesichts dieser Gefahr akzeptierten die Gouverneure die Bewaffnung der Handelsschiffe. Die Mannschaften der bewaffneten Handelsschiffe wurden Korsare genannt. Doch diese beschränkten sich bald nicht mehr darauf, Ihre Waffen gegen die Piraten einzusetzen, sondern griffen ihrerseits angebliche Piratenschiffe an. Die Korsare wurden schnell zu Verbündeten der Engländer. In Frankreich grollte Richelieu, der seine Musketiere zur Blockade Ostendes schickte. Bald griff der Konflikt auch auf Nieuwpoort und Blankenberge über. Die flämischen Häfen wurden von den Korsaren, aber auch von der englischen Marine verteidigt, die sich wenig darum kümmerte, dass Ostende in die Hände der Franzosen fiel. Auf Richelieu folgte Mazarin. Der Konflikt dauerte bis zum Vertrag von Utrecht, der 1713 die Erobererambitionen Ludwigs XIV. beendete. Der deutsche Kaiser Karl VI. gab die spanischen Niederlande an Österreich zurück. Leider erlaubte ein Nebenvertrag den Holländern, Ypern, Nieuwpoort und Veurne zu besetzen und die Mündungen der Schelde zu schließen. Für den Antwerpener Handel bedeutete das den Ruin.

Die Antwerpener wandten sich neuen Horizonten zu. Sie beschlossen, an Expeditionen nach Indien vom Hafen von Ostende aus teilzunehmen. 1723 gaben die Aktionnäre das Kapital der *Compagnie générale des Indes* frei, um die Schifffahrt und den Handel mit Indien zu fördern.

Dem wollte Nieuwpoort nicht nachstehen und gründete 1727 die Nationale Gesellschaft für Schifffahrt und Fischerei in Island, die die Hochseefischerei initiierte. Dem Erfolg wurden schnell von den holländischen Besatzern, welche die Interessen ihrer *Compagnie hollandaise des Indes orientales* schützen wollten, die Flügel gestutzt. Die Privilegien und der Erfolg der *Compagnie d'Ostende* waren so groß, dass 1727 Frankreich, England, Preußen und Holland von Karl VI. deren Aussetzung für eine Dauer von sieben Jahren forderten. In dieser Zeit war Karl VI. in erster Linie damit beschäftigt, die „Pragmatische Sanktion" durchzusetzen, die es seiner Tochter Maria-Theresia erlaubte, ihm nachzufolgen. Zu diesem Zweck unterzeichnete er Verträge, die jede Möglichkeit des Handels zwischen den niederländischen Häfen und Ost-Indien untersagten.

1778 waren es Ereignisse, die sich in respektabler Entfernung abspielen, die dem

Hafen von Ostende zu unverhoffter Blüte verhalfen. Wegen des amerikanischen Unabhängigkeitskrieges machten Tausende Schiffe in Ostendes Reede fest. 1781 kam Kaiser Joseph II., ein aufgeklärter Despot wie seine Mutter Maria-Theresia, persönlich nach Ostende, um das Dekret zur Einsetzung der Frachtfreiheit zu unterzeichnen.

Auf französischer Seite überschlugen sich die Ereignisse: Revolution, neuer Kalender, Republikaner-Kriege. Die Sansculotte fielen in den österreichischen Niederlanden und im Fürstentum Lüttich ein. 1792 gewann Dumouriez an der Spitze der Armeen der Republik die Schlacht von Jemappes. Die Franzosen besetzten Ostende. Im gleichen Jahr kamen die Niederlande nach der Schlacht von Neerwinden wieder zu Österreich. Mit der Schlacht von Fleurus kehrten sie 1794 wieder zu Frankreich zurück. Die Franzosen besetzten Nieuwpoort, und bis 1814 blieb Ostende französisch. Die der französischen Republik einverleibten Niederlande wurden in neun Departements aufgeteilt, die Flamen nennen diese Periode „Gesloten Tijden", die geschlossene Epoche. Sie verabscheuten alles: den neuen Kalender, die Assignate, die Aufhebung der Prozessionen und die Schließung der Klöster. Napoleon beruhigte die Gemüter und erlaubte mit dem Konkordat die Ausübung der Religion. Doch 1806 hob er per Dekret den Handel mit England auf. Die Fischerbote sammelten sich in den Häfen von Ostende und Blankenberge, von wo sie nur unter Bewachung auslaufen konnten. Für Nieuwpoort kam das einer Katastrophe gleich. Zum Glück wurde Napoleon einige Jahre später nach Elba verbannt, und die Fischer waren wieder frei.

Nach der Schlacht von Waterloo 1818 beschlossen die Engländer, Holland und Belgien unter dem Prinzen von Oranien zu vereinen, um einen Pufferstaat für ihr Inseldasein zu bilden. Doch Belgien hatte andere Pläne. Ermutigt durch die französische Revolution im Juli, erklärte Belgien seine Unabhängigkeit, die mit der Konferenz von London 1831 bestätigt wurde. Der erste König der Belgier war Leopold von Sachsen-Cobourg-Gotha, einer der einflussreichsten Prinzen Europas. Am 17. Juli 1831 landete Leopold I. in Calais und kam über De Panne nach Belgien. Vor seinem triumphalen Empfang in Ostende speist er kurz in Veurne.

Eine weitere Folge der Schlacht von Waterloo waren Ströme englischer Touristen, die auf dem Weg zum berühmten Schlachtfeld an den Stränden des flämischen Hafens Halt machten. Die Ostender brauchten nicht lange, um den Vorteil der Situation zu erkennen. 1865 ordnete Leopold II. die Zerstörung der Befestigungen an, in denen Ostende zu ersticken drohte. Er machte Ostende zur

Königin der Strände und förderte den Küstentourismus. Für Gäste aus ganz Europa wurde Ostende zum Inbegriff des eleganten Ferienorts.

1914 wurde ein alter Brügger Traum Wirklichkeit: Mit einem 12 Kilometer langen Kanal zwischen Zeebrugge und Brügge. Doch die Bevölkerung hatte kaum Zeit, sich darüber zu freuen. Am 15. Oktober 1914 installierte die deutsche Artillerie ihre Kanonen in Midellkerke. In der Hoffnung, den deutschen Vorzug zu blockieren, wurden am 27. Oktober die Schleusen in Veurne geöffnet und der Küstenstreifen wurde überflutet. Die Front verlief jetzt bei Nieuwpoort. Ypern, Nieuwpoort und Diksmuide wurden bei Bombardierungen zerstört. Die Deutschen machten aus Zeebrugge eine Basis für ihre U-Boote und verwandelten die Küste in einen riesigen Hinterhalt für die englische Flotte.

In der Nacht vom 13. auf den 14. April 1918 überquerten mehr als siebzig Schiffe der Alliierten den Ärmelkanal. Eine Minute nach Mitternacht machte die Vindictive, ein englisches Schiff, in Zeebrugge fest. Bei einem stürmischen Angriff wurde der Viadukt in die Luft gesprengt und so der Eisenbahnverkehr lahm gelegt. Drei Schiffe wurden in der Fahrrinne versenkt, um den Hafen zu blockieren. Die gleiche Operation fand am 10. Mai in Ostende statt. Im Oktober 1918 wurden Ostende und Zeebrugge befreit. 1940 fielen die Deutschen wieder in Belgien ein. Am 16. Mai richtete sich die belgische Regierung in Ostende ein. Nach einer fürchterlichen nächtlichen Bombardierung floh sie nach De Panne – und schließlich nach Frankreich.

Am 18. Mai öffnete die belgische Armee die Schleusen von Scheursas und Nieuwendamme und überflutete so das rechte Ufer der Yser. Doch es war schon zu spät. Zehn Tage später erfolgte die Kapitulation. Die Deutschen gestalteten die Küste wieder nach ihren Kriegsgelüsten um. Sie errichteten die „Atlantische Mauer", eine monströse Befestigung aus Bunkern.

Der Krieg hatte eine unerwartete Folge. Im Gegensatz zu den Menschen blieben die Heringe unbehelligt, weil seit zwei Jahren die Fischerei verboten war. Riesige Heringsbänke wanderten an der belgischen Küste entlang. Die Fischerboote machten reiche, unverhoffte Beute für das hungernde Belgien. Dieses Phänomen dauerte bis zum Ende der Rationierung 1947 an.

1944 landeten die Alliierten in der Normandie, Deutschland war wieder besiegt. Doch die Küste sollte nie wieder aussehen wie früher. Die Bunker versanken zwar im Sand, doch überall entstanden wenig attraktive Betonklötze, die den Blick aufs Meer versperren.

Eine Küste voller Gegensätze

Das Meer hat schon immer eine unwiderstehliche Anziehungskraft auf den Menschen ausgeübt. Doch die Geschichte berichtet wenig über die Wasserspiele großer Persönlichkeiten, sie bevorzugt deren Eroberungen und amourösen Affären. Beim Stöbern in den Archiven erfährt man, dass bereits 1140 nackte Menschen in den Wellen bei Blankenberge tollten. Einige Jahrzehnte später wurde der Sport reglementiert. 1496 waren die Zonen, in denen das Baden an demselben Strand erlaubt sind, durch Pfosten markiert. Gegen Ende des XVIII. Jahrhunderts vergnügten sich viele Brügger im Wasser, zum großen Leidwesen ihres Bischofs, der von der Kanzel herunter diesen unsauberen Sport mit höllischen Repressalien bedrohte. In England erlangte das Salzwasser der Nordsee schnell einen heilsamen Ruf. Die englischen Gäste stürzten sich in Ostende und Brügge in die Gesundheitsbäder. Selbst König Georg III. von England badete in der Nordsee. Wie auch Hortense de Beauharnais. Eine Modeströmung war geboren, die nach der Eröffnung der Bahnlinie Mechelen - Ostende 1939 ganz Europa erobern sollte.

Die Linien zur Küste wurden zahlreicher, Köln-Brüssel-Ostende, während der Schiffsverkehr von Ostende nach Dover die Küste noch leichter erreichbar machte. Die Eisenbahn wurde weiter ausgebaut, 1886 bis Heist und im gleichen Jahr eine dampfgetriebene Straßenbahn an der Küste in Betrieb genommen. Nieuwpoort, Middelkerke, De Haan, Wenduine und Knokke erfreuten sich wachsender Beliebtheit als Badeorte.

Zu Beginn des XX. Jahrhunderts war das Baden im Meer zahlungspflichtig. In Ostende belief sich 1908 der Eintritt auf 60 Centimes für Kinder und Hauspersonal und auf 1 Franken für Erwachsene. Über 40.000 Eintritte wurden verkauft und 25.018 Touristen – man nannte sie „die Fremden" – gezählt. Dank der Entwicklungsgesellschaften wie der *Société civile des Dunes* entstanden Boulevards, Paläste, Villen. 1890 fuhr man mit der Straßenbahn von Brügge nach Sluis, von Sluis nach Westkapelle, und eine Abzweigung der Linie führte nach Knokke. Der westliche Küstenstreifen von Oostduinkerke bis De Panne entwickelte sich nicht so schnell, wahrscheinlich weil der Dünenstreifen hier breiter war und die Polderdörfer sich in zu großer Entfernung zum Strand befanden. Doch die verlorene Zeit sollte eingeholt werden. Heute bietet dieser Küstenstreifen einige hübsche Ecken.

Entlang der belgischen Küste ist das Meer meist nicht besonders tief und die Schifffahrt deshalb gefährlich. Man muss sie kennen, die launische Nordsee mit ihrem schweren Seegang und ihren Gezeiten, die regelmäßig die Strömungen umkehren, sowie ihren unsicheren Hafenzufahrten. Ob Fischerboot oder Segeljacht, die Kapitäne sollten dieses Meer, das anders ist als alle anderen, gründlich unter die Lupe nehmen, wenn sie keine böse Überraschung erleben wollen. Ob Profis oder Amateure, sie alle verachten ein wenig die Schön-Wetter-Kapitäne. Sie wissen, dass, wer „ihr" Meer befahren kann, jeder Herausforderung gewachsen ist. Es gibt keine größere Freude für einen dieser Matrosen, als sein Segelboot im starken, regelmäßigen Wind kreuzen zu lassen, zu fühlen, wie das Boot vor Freude zittert, während er über riesige Wellen reitet und in tiefe Löcher taucht beim Tanz mit dem grüngrauen Wasser, in das er sich schlußendlich verliebt hat.

Charakteristisch für die Hafeneinfahrten von Ostende, Blankenberge und Nieuwpoort sind wunderschöne Holzstrukturen: Hafenwehre, die bei jedem Wetter unvergessliche Bilder liefern. Ein kleines Segelschiff kreuzt ein riesiges Ferry Boat, von dem es scheinbar verschlungen wird, während die Möwen die Brücke ansteuern, in der Hoffnung auf einen fetten Happen. Ein Schwertboot zieht seine Bahn zwischen den Wehren, versucht, dem Wrack eines gekenterten Kameraden auszuweichen, treibt ab zu den Holzpfählen und muss sich eine Schimpftirade des Fischers anhören, dessen Seil es durchtrennt hat. Ein kleiner Junge stößt Freudenschreie aus beim Blick auf sein Senknetz, in dem ein Aal zappelt; in der Ferne verschwinden Fischerboote, die Herren der Nordsee, in allen Farben und mit ihrer typischen Struktur. Bald kehren sie wieder heim – beladen mit Fischen von unvergleichlichem Geschmack.

Die Fischerei war lange Zeit der wichtigste Erwerbszweig an der Küste. Im XVIII. Jahrhundert zog es die Fischer weit hinaus zu neuen Jagdgründen, zu den Kabeljaubänken im isländischen Meer. Diese Expeditionen dauerten von Februar bis September, sie waren hart und gefährlich. Jedes Jahr ließen flämische Fischer dabei ihr Leben. Die Heimkehr der Fischer wurde immer groß gefeiert. Die letzten Islandflotten kehrten in den Dreißigerjahren heim.

Zu den verheerenden Folgen des Modernismus zählt nicht zuletzt die Verringerung der Fischerflotten. Die traditionelle Fischerei respektierte das Meer, reduzierte die Fischbestände nicht über Gebühr und belebte die Küste mit fröhlicher Folklore: Marktschreier, Fischhallen, Segnung der Schiffe, Prozessionen … Aber die Unkosten (Preis des Materials und des Kraftstoffes, soziale Lasten) steigen stetig und übersteigen die Mittel der kleinen traditionellen Familienbetriebe. Was kann ein flämischer Fischer mit seinem ganzen Mut und seinem Fachwissen ausrichten gegen die wirtschaftliche, destruktive Macht der industriellen Fischerei? Trotzdem bringen sie uns immer noch Scholle, Kabeljau, Lotte und andere lokale Fischarten – und die typischen kleinen grauen Sandgarnelen, die soviel mehr Geschmack haben als ihr Cousinen, die Rosa Garnelen. Seit Generationen genießen die Urlauber an der belgischen Küste beim Frühstück Pistolets mit Garnelen, mittags Garnelenkroketten und abends Tomaten mit Garnelen. Ein Küstenrestaurant, das keines dieser Gerichte anbietet, würde unweigerlich schließen müssen. Die Garnelen wurden auch mit Pferden gefischt, die Netze am Strand entlang zogen. Diese Tradition ist heute nicht mehr rentabel, wird aber noch für ihre Bewunderer gepflegt.

Neben den Fischerboten und den Freizeitjachten hat sich eine neue Generation von Schwimmobjekten einen Platz zwischen Wellen und Gischt erkämpft: nach den Surfbrettern, auf denen Sportler aus aller Welt über die Wellen reiten, sieht man nun Segelsurfer in atemberaubender Geschwindigkeit und allen Stürmen trotzend die Küste entlang rasen.

Auch wenn der letzte Meeresvorstoß schon Jahrhunderte zurückliegt, hat die Nordsee nichts von ihrer Gewalt verloren und große Überschwemmungen können immer noch riesigen Schaden anrichten. Im Jahr 1953 zerstörte eine dieser furchtbaren Überschwemmungen kilometerlange Deiche und überflutete Zeeland. Die Zeitzeugen haben die Flutwellen ebenso wenig vergessen wie die hellgelben Flecken, die die Stellen bezeichneten, an denen der Deich vollständig neu gebaut werden musste.

Diese Deiche haben die Entwicklung der Küste erst möglich gemacht. Die ersten wurden Ende des XIX. Jahrhunderts in Middelkerke und Knokke erbaut, veranlasst von König Leopold II. Verlängert wurden sie 1886 und 1890, um jetzt jenes gelbfarbene Band zu bilden, das so charakteristisch für die belgische Küste ist. Dieser Damm, *der* Deich, wie er genannt wird, ist eine kleine Welt für sich. Zuerst einmal ist hier das Paradies der *Cuistax*, dieser seltsamen pedalangetriebenen Fahrzeuge in den abenteuerlichsten

Formen, die man jederzeit mieten kann, um zwischen den Bistroterrassen Zigzag zu fahren und Passanten zu ärgern – unter den amüsierten Blicken philosophierender Touristen, die unbeeindruckt weiter ihr Bier genießen. Die Anekdote erzählt, die Bezeichnung *Cuistax* sei einem Priester zu verdanken, der von seinem Predigtstuhl aus gegen die Strandschönheiten wetterte, die auf diesen Fahrzeugen ihre Beine (*cuisses*) zeigten. Die Beine waren schnell *taxiert* und die *Cuistax* getauft. Eine andere beliebte Freizeitbeschäftigung sind die „*Jokaris*": an einem Holzbrett ist ein elastisches Seil befestigt, an dem ein Hartgummiball hängt, der mit Holzschlägern malträtiert wird und von dem elastischen Seil in nicht immer vorhersehbaren Bahnen zu seinem Spieler zurückgeschossen wird. Der Deich beherbergt nicht nur Familienhotels und klassische Restaurants, hier sind alle kleinen Läden zu Hause, vom Eisverkäufer über die „*bollewinkels*", wo Butterbonbons mit neonfarbigen Zuckerlutschern wetteifern, bis hin zum Strandbasar, wo man alle Zutaten für den perfekten Strandläufer findet: Eimer, Schäufelchen, große Schaufeln für den Bau von Sandburgen, Netze zum Fang von Garnelen, Krepppapier, um Blumen zu falten, Drachen mit allem Zubehör, um sie steigen zu lassen, Jokaris, entenförmige Bojen und Luftmatratzen: Der Basar ist die Räuberhöhle von Ali Baba für die Strandläufer. Und der Basar ist geadelt worden: die Mutter des großen Malers James Ensor führte solch einen Basar auf dem Deich in Ostende.

Einmalig wird der Strand durch die Gezeiten. Bei Ebbe muss man weit hinaus, um das Wasser irgendwo am Ende der Wellenbrecher zu suchen, wo die letzten Befestigungen, dicke Steine, mit Muscheln übersät liegen. Bei Flut kommt das Wasser stellenweise bis an den Deich, lässt aber meistens einen Streifen mit feinem Sand frei. Die Kinder nennen den systematisch überfluteten Teil des Strands „harter Sand", während der (fast) immer trockene Teil „weicher Sand" genannt wird. Zu jedem „Sand" gehören typische Spiele. Das beeindruckendste ist ohne Zweifel das Burgenbauen im *harten* Sand. Die Architekten der oft abenteuerlich aussehenden Burgen entpuppen sich als wahre Meister ihres Fachs. Groß und Klein fiebern um die Wette, welche Burg am längsten der Flut standhält. An manchen Stränden werden Wettbewerbe veranstaltet. Dann wachsen Hunderte dieser vergänglichen Konstruktionen aus dem Sand und kämpfen ebenso heftig wie zwecklos gegen die Flut.

Fast alle Strände werden in regelmäßigen Abständen von langen Wellenbrechern unterbrochen. Die Wellenbrecher sind für Kinder der reinste Abenteuerspielplatz. Je weiter das Meer sich bei Ebbe zurückzieht, je mehr Löcher in den Wellenbrechern zeigen sich, in denen man kleine Krabben, Garnelen, Muschelablagerungen und andere faszinierende, mysteriöse maritime Souvenirs findet.

Wenn Wind aufkommt, klatschen die Wellen gegen die Steine, und Gischt steigt auf. Zahlreiche Spaziergänger beobachten dieses grandiose Schauspiel.

Der erste Blick, wenn man über den Deich an den Strand kommt, fällt auf eine Reihe von Holzkabinen, weiß oder farbig gestrichen – grün und weiß in Westende, weiß und rosa in Nieuwpoort, ganz weiß in Zoute, weiß und schwarz in Ostende. Ihr Ursprung geht auf den Beginn der Seebäder-Mode um 1770 zurück. Um ihre Scham zu verstecken, kamen die Salzwasserfreunde in Stadtkleidung zum Strand und verschwanden in Badewagen, einer Art Kabine auf Rädern, die ein Pferd zum Meer zog. Um-, aber immer noch sehr angezogen, stürzten die Schwimmer sich in die Wellen. Erst in der zweiten Hälfte des XIX. Jahrhunderts tauchten die ersten Badeanzüge auf, die aber außer ihrer Bezeichnung nicht viel gemeinsam hatten mit den Stofffetzen, die heute mehr presigeben als sie verdecken. Die Badewagen verschwanden trotzdem nicht. Erst nach dem Ersten Weltkrieg fing man an, seine Haut direkt den Sonnenstrahlen auszusetzen. In den 30er Jahren verloren die Badewagen ihre Räder und wurden zu Kabinen. Das Anmieten einer solchen Kabine gehörte zu den unumstößlichen Familientraditionen eines Urlaubs an der Küste.

Mit Sonnenöl eingerieben und im Badeanzug verlässt man die Kabine. Die nachfolgenden Aktivitäten variieren je nach Alter und Geschlecht des Urlaubers. Die Erwachsenen nehmen meistens ein Sonnenbad im Schatten eines „Zeltes", einer Art Spanischen Wand aus Stoff, für eine oder mehrere Personen. Manche beschäftigen sich lieber mit Ballspielen, Volley- oder Fußball. Die Jugend bevorzugt stärkere Emotionen: Im Segelwagen, einer Art *Cuistax* mit aufgesetztem Mast und Segel, gibt sie sich dem Geschwindigkeitsrausch auf dem harten Sand hin. Wehe, der Wind flaut ab! Viele Kinder frönen einer der schönsten Traditionen: dem Blumengeschäft. Bedienungsanleitung: Kaufen Sie Krepppapier in allen Farben mit dem nötigen Zubehör. Binden

Sie möglichst originelle und komplizierte Blumen. Bitten Sie Ihren großen Bruder inständig, für Sie ein tiefes Loch in den Sand zu graben. Dekorieren Sie das Loch, und pflanzen Sie Ihre Blumen hinein. Die sogenannten Blumen verkaufen Sie für eine Höchstzahl Muscheln. Mit den Muscheln kaufen Sie wieder neue Blumen bei den Händlern in der Nachbarschaft. Das Ergebnis ist wunderschön: Seit Jahrzehnten verschönern Kinder den Strand mit ihren farbigen Blumen.

Mit jeder Welle bringt das Wasser neuen Sand, der am Ufer abgelagert wird. Wenn der Sand getrocknet ist, fliegt der besonders feinkörnige weg, bis er von einer Bodenunebenheit aufgehalten wird. Das ist der Beginn der Dünenbildung. Das Wort „Düne" stammt aus dem Gälischen *Dun*: Haufen, Barriere, Hindernis. Dünen bestehen aus extrem leichtem Sand, sind umweht vom Wind, ständig in Bewegung und bilden Wellen wie das wogende Meer, aus dem sie entstehen. Um die Dünen festzusetzen, bedurfte es der Zusammenarbeit zwischen Mensch und Natur und der Hilfe eines rustikalen, widerstandsfähigen Grases, des Dünenhafers. Bis zum Beginn des XX. Jahrhunderts war das Dünenband entlang der Küste 5000 Hektar groß, von denen heute nur noch tausend übrig geblieben sind.

Die belgische Küste ist systematisch vom Tourismus zerstört worden. Wie Guido Burggraeve, Konservator des Naturreservats des Zwin, erklärt, haben die Behörden den Küstenstreifen auf dem Gewissen. Im Jahr 1900 wurde die *Koninklijke Baan* (die Königliche Straße, die entlang der gesamten Küste führt) mitten hinein in den Dünengürtel gebaut. Ein Kardinalfehler. Mit diesem Bau wurden Parzellierungen beiderseits der Straße möglich, mit dem Ergebnis, dass die Hälfte der Dünen verschwunden ist. Man hätte den Deich hinter den Dünen anlegen müssen, wie in den Niederlanden. Damit hätte auch der Bau dieser furchtbaren Türme verhindert werden können. Noch im Jahr 1973 hat die Verwaltung von De Panne 150 Hektar des Westhoek dem Bau von Villen geopfert …

Heute hat die Flämische Region die Sache in die Hände genommen und zum Schutz der verbliebenen Dünen aufgerufen, in denen man immer noch herrliche Spaziergänge machen kann.

Doch die touristische Entwicklung hatte nicht ausschließlich negative Folgen. An der Küste werden zahlreiche kulturelle Veranstaltungen angeboten, Ausstellungen und Konzerte von den Casinos und kleinen Museen organisiert. Jedes Seebad hat seine künstlerischen und intellektuellen Attraktionen, in Erinnerung an die zahlreichen Schriftsteller, Poeten, Maler und anderen kreativen Geister, die sich in die Stürme der Nordsee genauso verliebt hatten wie in den weiten Horizont und die zarten Nebelschleier. Ein Foto von 1933 zeigt Einstein, Permeke und Ensor beim Aperitif in De Haan. Emile Verhaeren, Charles Van Lerberghe und Maurice Carême teilten mit Spilliaert ihre Leidenschaft fürs Meer. Uns sind ihre Gedichte und Gemälde geblieben, unvergängliche Zeugnisse dessen, was die Küste war, bevor sie mit traurigen Betonbauten übersät wurde.

Ursprünglich wurden auf dem Deich Villen gebaut, mit Kochkeller, Beletage und überdachter Terrasse – und hinter den Dünen *Cottages* im englischen und normannischen Stil. Die eleganten Urlauber dieser Epoche – Geschäftsleute, Aristokraten sowie andere gekrönte Häupter – fuhren mit der Kutsche über den Deich, wetteten auf der Rennbahn, verloren Hab und Gut im Casino und erholten sich bei einer Thalassotherapie. In Ostende hatte man eine Thermalquelle entdeckt, die für Linderung bei den aufgeblähten Lebern der Gäste aus ganz Europa sorgte.

Neben dem königlichen Ostende wurden Blankenberge und Heist zu den Hauptattraktionen der Küste – beliebt vor allem bei deutschen Touristen. Das war, bevor Willy, wie ihn seine Schwiegermutter Königin Victoria nannte, den Ersten Weltkrieg auslöste.

Heute überbieten sich immer höhere Buildings als Ausdruck schlechten Geschmacks. Kein Anhaltspunkt bietet sich dem bemitleidenswerten Fremdling, der, eingezwängt zwischen Straßenbahn und Hochhausmauern, die Küste entlang läuft. Wenn er die bescheidene Beschilderung übersieht, wird er sich gnadenlos verlaufen – wie in einem Albtraum – und sich fragen, wo das Meer, wo die Küste und der Strand geblieben sind.

Einige unbeirrbare Nostalgiker wünschen sich eine große Flutwelle, die dieses hässliche Betonband hinwegspült, neben dem die „Atlantische Mauer" wie aus Legosteinen gebaut erscheint.

Zum Glück liebt der Belgier sein Eigenheim, hat die Herausforderung angenommen und das Beste aus der lokalen Architektur gemacht: alte Fischerhäuser, kleine Polderhöfe und selbst die hässlichsten Nachkriegsbauten wurden mit Fantasie und Geschmack umgebaut.

Ostende – wie Phönix aus der Asche

Ostende oder das Ende im Osten – man denkt unwillkürlich an ein kleines Dorf auf einer Insel am Ende der Welt, das im IX. Jahrhundert der furchterregenden Nordsee trotzte. Das Dorf war noch nicht befestigt, und die damaligen Ostender müssen mutige Leute gewesen sein, um ihren Flecken Erde gegen Wind und Fluten zu verteidigen. Ostende entwickelte sich rasch. Um 1267 erhielt es die Stadtrechte, durfte Märkte abhalten und eine Halle bauen. Haupteinnahmequellen waren Fischerei und Piraterie. Im Jahr 1334 hat ein Sturm das Städtchen beinahe vollständig verwüstet. Da das Meer auch weiterhin eine Bedrohung darstellen würde, baute man die Stadt im Hinterland und geschützt von soliden Deichen wieder auf. Der Prinz von Oranien ließ Ostende im XVI. Jahrhundert befestigen. In den nachfolgenden Jahrhunderten wurde Ostende das Opfer von mörderischen Kriegen und Belagerungen. Doch die Unternehmungs- und Abenteuerlust der Ostender Seeleute und Händler war unzähmbar. Die Schließung der Schelde hatte eine positive Folge: den Bau des Kanals Ostende-Gent. Im XVIII. Jahrhundert machten sich Ostender Seefahrer auf den Weg nach Indien, gegen alle Ozeane und gegen Engländer und Holländer. Ihr Erfolg führte 1722 zur Gründung der *Compagnie d'Ostende*, die das Monopol für den Handel mit Ost-Indien inne hatte. Das konnten sich die arroganten Nachbarn nicht bieten lassen, die Gesellschaft musste 1727 ihre Aktivitäten einstellen. Nach einer neuerlichen verhängnisvollen Belagerung stieg Ostende wieder einmal wie Phönix aus der Asche, wurde 1781 Freihafen und erlebte so einen verdienten Höhepunkt.

Die Französische Revolution brachte Ostende nur Plünderungen und Missstände – und die Napoleonische Zeit kaum Besserung, abgesehen von der Petition, die den Marschall Davout dazu brachte, das Baden im Meer zu erlauben. Ostende ist die einzige Stadt, die heute noch ein Fort aus besagter Zeit und beinahe intakte Stadtmauern besitzt, bei deren Bau im Jahr 1814 den Maurern der Region 500 spanische Gefangene helfen mussten.

Nach der Schlacht von Waterloo waren es Engländer – unterwegs zum Schlachtfeld ihres Erfolgs –, die in Ostende Halt und die Stadt zum Seebad machten. 1834 verbrachte hier die Königin Victoria ihre Ferien.

Schließlich erreichte Belgien seine Unabhängigkeit. Der erste König der Belgier, Leopold von Sachsen-Cobourg-

Gotha, machte es sich zur Gewohnheit, seine Ferien mit seiner Familie in einem einfachen Haus in der *Langestraat* zu verbringen. Das zog die belgische Aristokratie und Oberschicht an. Die Schleifung der Befestigungen im Jahr der Thronbesteigung Leopolds II., 1865, erlaubte es der Stadt, sich auszubreiten. Die Regentschaft dieses großen Königs war ein Segen für Ostende, das unter Leopold II. zur Königin der Seebäder aufstieg.

1860 wurde in Ostende der Maler James Ensor geboren. Seine Mutter stammte aus Ostende, sein Vater war Engländer. Die Atmosphäre seiner Kindheit sollte für ihn zur nie versiegenden Inspirationsquelle werden. Seine Mutter besaß einen Basar mit Strandartikeln: Garnelennetze, Eimer, Schaufeln, aber auch Unterröcke, Karnevalsmasken, Korallen, Muscheln und exotische Schundware. Für Kinder war dieser Basar ein einziges Wunderland. Und außerdem gab es den Karneval mit seinen Masken und Tieren.

Am Strand tummelte sich zur Badezeit ein kosmopolitisches Musterbuch der menschlichen Spezies: *„Ein Auftrieb von leicht bekleideten Männern und Frauen, die lautstark um Kabinen streiten, Beine in allen Formen und Füße, Füße, die den besten Schuster zur Verzweiflung treiben."*

Trotz seines überwältigenden Erfolges fühlte Ensor sich verkannt, und seine Bitternis wich erst nach den Ehrungen. Vom König in den Adelsstand erhoben, starb Ensor im Alter von 89 Jahren in Ostende. Sein unter Denkmalschutz stehendes Haus ist heute ein kleines Museum – reich bestückt mit Fotos des Malers und mit Reproduktionen seiner Werke –, in dem der Besucher Einblick erhält in den familiären Alltag. Hier befindet sich auch das Harmonium, auf dem Ensor gerne für seine Freunde spielte. Der Maler Delvaux erzählte 1935 nach einem Besuch bei Ensor: *„[Ensor sagte] Meine Malerei ist nicht schlecht, aber hört nur meine Musik. Er setzte sich an sein Harmonium unter dem großen Gemälde 'L'Entrée du Christ' à Bruxelles, und spielte eine seichte, sentimentale Musik, die überhaupt nicht zum Harmonium passte und bei weitem nicht an die Qualität seiner Malerei heranreichte – auch wenn Ensor das Gegenteil behauptete."*

1881 wurde der Maler Léon Spilliaert in Ostende geboren. Sein Vater, ein Parfumeur-Friseur, wohnte in der Rue de la Chapelle. Er war schon zu einem bekannten Künstler aufgestiegen, als er für einige Jahre die Leitung des Casinos von Ostende übernahm. Allerdings interessierte Spilliaert sich weniger für das mondäne Ostende, vielmehr wurde ihm die

Links oben: Die letzten Bewohner von James Ensors Haus, hexenartige Mannequins, scheinen auf die Heimkehr des Meisters zu warten.

Links unten: In der Vistrap, dem Fischmarkt, bietet Michèle der Laufkundschaft frisch gefangene Seezungen, Schollen, Kabeljau und Limanden an.

Rechts: Anne und Guy Hulpiau haben von der 22. Etage dieses Gebäudes einen herrlichen Meeresblick.

Eingekreist von Gemälden des Malers steht das Harmonium, auf dem James Ensor zur großen Verwunderung seiner Gäste, Kostproben seiner musikalischen Fähigkeiten gab.

verlassene nächtliche Stadt Inspirationsquelle für seine bezaubernden solitären Figuren. Das Meer und der Hafen inspirieren ihn zu seinen schönsten Werken: *Femme au bord de l'eau, La Digue, Le Port, Plage au clair de lune*. Ensor verbindet mit Spilliaert eine seltsame Hassliebe. 1911 schreibt er seinem Freund Emma Lambotte: „*Der Maler S. läuft mir bei jedem kleinen Spaziergang über den Weg. Überall wartet er auf mich. Wenn ich meine Tür nur einen Spalt weit öffne, erscheint schon ein paar Schritte weiter seine schmale Silhouette. Und ich möchte allein durch Ostende spazieren gehen."* Manchmal ließ Ensor sich sogar zu sarkastischen Reimen über den Kollegen hinreißen. Doch 1930, mit den Jahren sanfter geworden, schreibt er: „*Für Sie, Spilliaert, zärtlicher Bildner, elanvoller Schöngeist von feinem Esprit.*" Spilliaert seinerseits empfand immer nur große Bewunderung für sein Vorbild: „*Während vieler Jahre war*

Ensor mein einziger Freund, der einzige Mensch, der mir wohlwollend begegnete." Das Verhältnis zwischen Spilliaert und Permeke ist viel klarer. Spilliaert kauft ihm Gemälde ab und stellt ihn Sammlern vor. 1908 übernahm Permeke dessen Atelier am Quai des Pêcheurs, zusammen mit dem expressionistischen Maler Gustave De Smet. In *„Tribord"*, einer Monatszeitschrift, die in Ostende in den *années folles* Furore machte, hatte der Maler Félix Labisse seine Auffassung der Ostender Schule definiert: *„Ensor: materialisierter Geist. Spilliaert: Geist gegen Materie und Materie gegen Geist. Permeke: viel vergeistigte Materie."*

Am 15. Oktober 1914 nahmen die Deutschen widerstandslos Ostende ein. Sie stellten wie überall entlang der Küste ihre Batterien auf, um auf das Kanonenfeuer der englischen Marine antworten zu können. Dies war der Grund, warum Ostende mehrfach bombardiert wurde.

Zwischen den beiden Weltkriegen fand Ostende zurück zu Glanz und Lebensfreude. In den Dreißigerjahren verspielte das reiche Publikum ein Vermögen beim Roulette und applaudierte den Segelschiffen, die an den ersten internationalen Regatten teilnahmen.

Im Zweiten Weltkrieg wurden das Bahnhofsviertel, die Kapellestraat und der Wapenplein bombardiert und der Deich schwer in Mitleidenschaft gezogen. Ostende wurde wieder aufgebaut, doch der Charme und die Schönheit, die Ostende berühmt gemacht hatten, waren für immer dahin.

Manch ein Viertel mit verschmutzten Fassaden und zerbrochenen Fensterscheiben sieht heute verlassen aus. Und trotzdem, Ostende ist immer eine Reise wert, mit seinem internationalen Flughafen, dem Seebad, dem Fischer-, Freizeit- und Handelshafen, als Hochburg flandrischer und internationaler Kultur.

Der Deich, die *Albert-Ier-Promenade*, ist das letzte Überbleibsel vergangener Größe. Beherrscht wird er von einem Reiterstandbild von Courtens, das König Leopold II. zeigt. Der älteste Teil des Deichs befindet sich bei den Hafenwehren, 800 Meter vom Casino entfernt. Dieser Teil wurde vollständig restauriert. Die Behörden beauftragten Roland Jéol aus Lyon mit der Beleuchtung. Das Casino, gleichermaßen im Stadtzentrum und am Meer gelegen, ist der ideale Ausgangspunkt für eine Entdeckungsreise durch Ostende.

Seine scheinbare Verlassenheit ist das Symbol par excellence für die Zwiespältigkeit dieser seltsamen Stadt, in der sich Opulenz und Verdruss ständig die Hand

Links: Das aktuelle Casino wurde 1950 nach Plänen des Architekten Stynen gebaut. Es ersetzt den alten Kursaal, der 1940 vollständig zerstört wurde.

Rechte Seite oben: Fresken, die Paul Delvaux gezeichnet hat, verstecken sich in Räumen des Casinos, die dem Publikum nicht zugänglich sind. Mythische Prinzessinnen wandeln an der Küste entlang, als eine Sirene auftaucht.

Rechte Seite unten: Zahlreiche hervorragende Restaurants warten am Deich auf Gäste. Zu den besten Adressen gehört das Savarin, dessen Innendekoration Carlo Eggermont entworfen hat.

geben. Das erste Casino, 1852 erbaut, das sich durch eine leichte, freundliche, von Säulen aufgelockerte Architektur auszeichnete, wurde bald ersetzt durch einen majestätischen Bau im maurischen Stil, voller Charme mit seinen Blumentürmchen. Seine Umgestaltung durch Alban Chambon im Jahr 1899 inspirierte Permeke zu einer Freske. Das Casino erreichte Modellcharakter in Europa. Die Konzerte, die hier zweimal täglich stattfanden, wurden von den Komponisten selbst – wie Gounod, Massenet, Saint-Saëns oder Richard Strauss – dirigiert. Pablo Casals und Caruso gaben Konzerte. Dieses Denkmal der großen Ostender Epoche wurde leider im Zweiten Weltkrieg zerstört. Bleibt zu hoffen, dass dem imposanten aktuellen Casino, das 1950 durch den Architekten Léon Stynen erbaut wurde, nicht das Schicksal seiner Vorgänger blüht.

1952 malte Delvaux in einem der Säle ein grandioses Fresko, das eine von festlich gekleideten Frauen umgebene, gestrandete Sirene zeigt. Dieser Saal, der nie Wertschätzung genoss, dient heute als Remise für die alten Spieltische. Nicht einmal die Vorhänge kann man öffnen, sie könnten sich in Staub auflösen. Zum Glück werden nicht alle Traditionen in diesem Casino so mit Füßen getreten. Samstags nach Karneval findet hier immer noch der berühmte Ball „*du Rat Mort*" statt, benannt nach einem Pariser Cabaret der Epoche und durch Ensor unsterblich geworden.

Ideal für ein Dinner nach der Vorführung ist die sympathische Brasserie *Jan's Café*. Fotos von Ensors Gemälden und ein großes Fresko des Ostender Malers Mario De Brabander sowie ein riesiger Fisch über der Bar dekorieren dieses Café. Jan, der Chef, bietet wöchentlich wechselnde Fischspezialitäten an.

Wer weiter westlich schlendert, stößt auf die ehemalige königliche Villa, die für Leopold II. errichtet und nach dem Krieg vom Architekten Dujardin wieder aufgebaut wurde. Dieses Haus in herrlicher

Im Zentrum der Stadt befindet sich die Galerie James Ensor, beliebter Treffpunkt für Liebhaber von Garnelenkroketten. Die Atmosphäre ist betont rustikal.

Vergangenheit sucht. Kein Hauch königlicher Inspiration weht durch die Zimmer mit ihren bunten Teppichen. Das angeschlossene Feinschmeckerrestaurant *Le Vigneron* hat seinen Michelin-Stern verdient, wie die Fischspezialitäten – junger Steinbutt in Salzkruste zum Beispiel – beweisen.

Die Königliche Promenade mit ihrer offenen Galerie und den dorischen Säulen ist ein wunderschönes Beispiel für den Stil der Grande Epoque. Einst wandelten über die Art-déco-Fliesen so bekannte Persönlichkeiten wie Albert Einstein, Fernand Crommelynck, Emile Verhaeren, Léon Spilliaert und alle anderen Künstler, die sich vom Meer inspirieren ließen. Das *Hotel Thermae Palace* von 1933 hat es geschafft, sich einen spektakulären Restaurantsaal und überaus komfortable Zimmer zu erhalten, auch wenn von dem ursprünglichen Mobiliar nichts übrig geblieben ist.

Am Ende der Säulenreihe erwarten den Besucher zwei hervorragende, luxuriöse Restaurants auf dem Deich: Die *Villa Maritza*, ein herrlicher Bau aus dem Jahr 1885, pflegt – trotz der 1960 von Émile Veranneman entworfenen Möbel – eine Belle-Époque-Atmosphäre. Beim Blick auf das Meer darf man seinen Gaumen mit den Kreationen des Chefs,

Lage bietet auch heute noch den Anblick einer stattlichen Villa, beherbergt aber nun das *Hotel Oostendse Compagnie*, in dem man – den vier Sternen zum Trotz – vergeblich nach den Spuren seiner eleganten

Jacques Ghaye, verwöhnen. Nebenan, im *Savarin*, fällt der elegante Dekor des Architekten Carlo Eggermont auf. Auch von der angenehmen Veranda aus genießt man freien Meerblick. Spezialität der vorwiegend aus Fischgerichten bestehenden Speisekarte ist die Bouillabaisse Savarin aus Langusten, Gambas und Jakobsmuscheln.

Beim Casino teilt sich der große Strand. Beliebter ist die Westhälfte des Strands, auf dem sich dem Auge des Beobachters ein Festival der Farben bietet: Segel, Sonnenschirme, Liegestühle und in allen Pigmetierungen schillernde Sommerfrischler, von garnelenrosa über sonnenbrandrot bis braun gebrannt.

Ein paar Taulängen weiter gelangt man an den Strand von Mariakerke. Dieses Dorf hat sich zum Wohnviertel der Ostender entwickelt, und hier findet man die älteste Kirche der Region: Notre-Dame des Dunes, im primitiven gotischen Stil, wurde 1604 bei der Belagerung Ostendes zerstört und einige Jahre später restauriert. Sie ist auf zahlreichen Werken von James Ensor abgebildet.

In der Domaine von Raversijde steht ein kleines Fischerhaus aus dem XIX. Jahrhundert, das auf die Heimkehr seines ehemaligen Bewohners, des Prinzen

Oben: Nach dem Casinobesuch trifft sich die Stammkundschaft nur ein paar Schritte weiter im Jans, einem beliebten Café-Restaurant.

Unten: Im bürgerlich eingerichteten Wohnzimmer des Hauses, das Prinz Charles in Raversijde bewohnte, warten Pinsel und Wasserfarben auf die Rückkehr des königlichen Gastes.

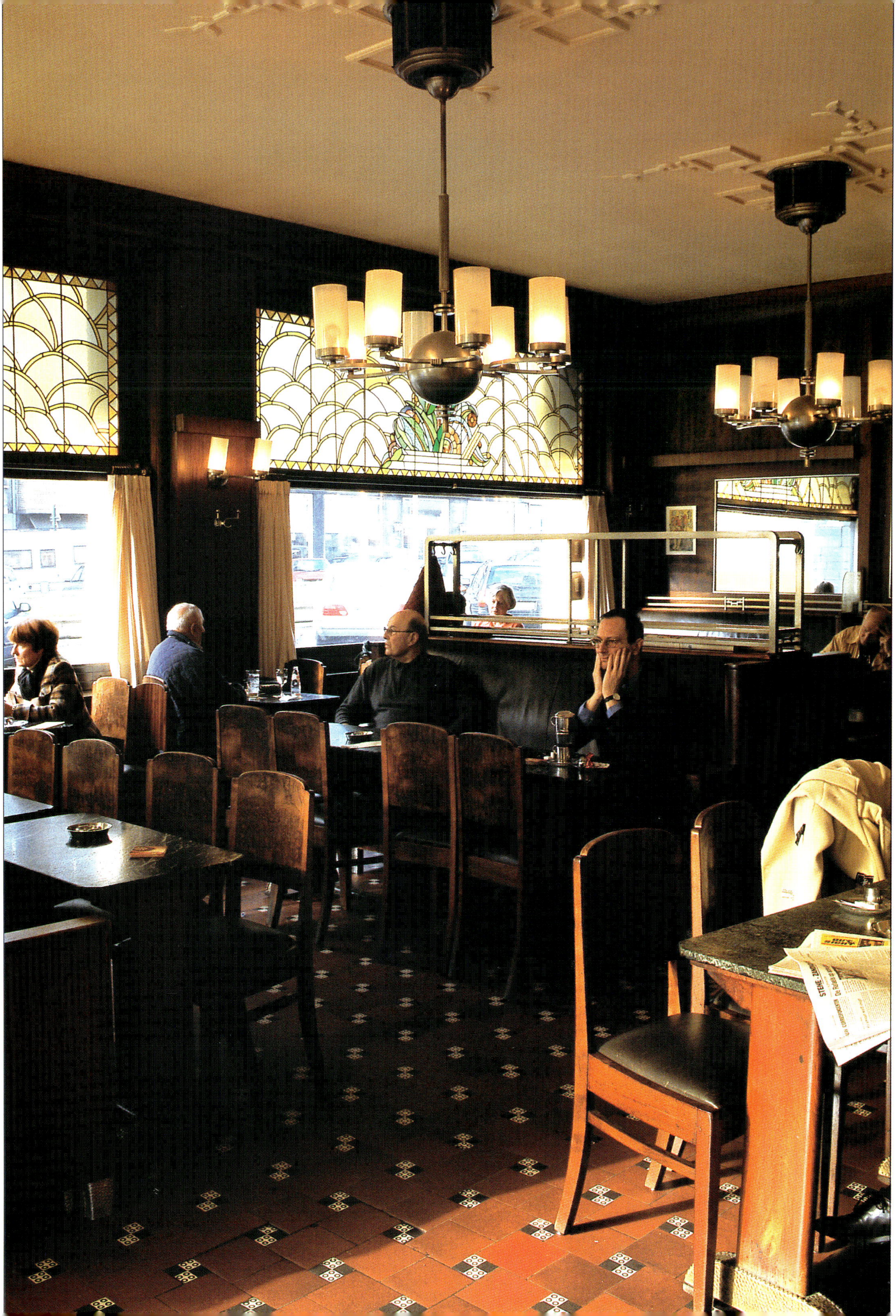

Charles, zu warten scheint. Prinzenpavillon wird es genannt. Der Pavillon, der mit Hilfe der *Zivilliste des Königs* wieder hergerichtet wurde, versprüht trotz des traurigen Bewurfs viel Charme und beherbergt Nippes, Fotos und Wasserfarbenzeichnungen des Prinzen.

Der Oststrand erstreckt sich bis zum Kanal mit seinen beiden Wehren. Dort sitzen Fischer, die auf den selten gewordenen Fisch warten. Beäugt werden sie von einer Kinderschar, die optimistisch auf einen großen Fang wartet. Von den beeindruckenden Wehren aus, die weit hinein reichen ins Meer, lassen sich die vorbeifahrenden Schiffe bewundern: von dem „Riesenkoffer", der zwischen Ostende und Dover hin und her pendelt über rassige Segelschiffe, Familienjachten bis zu den Fischerboten. Trotz des Rückgangs der traditionellen Fischerei und nur noch 150 Fischerboten an der gesamten Küste ist Ostende immer noch der wichtigste Fischerhafen des Landes.

Im Juli starten von hier aus große Regatten. Das Schauspiel ist atemberaubend, wenn beim Böllerschuss der Kanone die Spinnaker gehisst werden. Wer weitergeht auf der Westseite des Kanals, kommt zum *Visserskaai* mit dem eigentümlichen Charme zahlreicher Fischgeschäfte. Auf dem Markt, *De Trap*, darf nur vor Ort gefangener Fisch – ganz und nicht ausgenommen – verkauft werden. Entlang der Kais liegen die Restaurants, die von den Einheimischen verschmäht werden, weil sie zu touristisch sind, aber auch gut erhaltene Kneipen wie *'t Waterhuis*, das bereits 1632 das Monopol für den Verkauf von Trinkwasser an die Boote besaß. Das berühmte *Adelientje* ist seit über dreißig Jahren eine Institution für Muschelfreunde. Doch keine Sorge, sollten Sie hier keinen Platz mehr finden, in der *Mosselbeurs*, einem weiteren Restaurant ganz in der Nähe, sind die Muscheln genauso frisch und lecker. Und das Ambiente – mit Muschelablagerungen auf den Wänden sowie einer alten Theke, überrascht immer aufs Neue.

In der Brasserie des Hotel Du Parc träumen die Gäste vom Ostende zwischen den Weltkriegen. Das Haus steht unter Denkmalschutz. Mobiliar, Kacheln, Leuchten, Fenster und Zapfhähne konnten erhalten bleiben.

Gegenüber treffen sich die Segelfreunde im *North Sea Yacht-Club*, um auf einer der Holzterrassen mit Blick aufs Meer einen hervorragenden Garnelensalat zu verspeisen.

Die Königliche Promenade hatte Leopold II. bei François Girault in Auftrag gegeben, um bei Wind und Wetter trockenen Fußes von seiner Villa zur Rennbahn von Wellington zu gelangen. Berühmt wurde sie durch den Maler Spilliaert. Im Zentrum dieser Galerien befindet sich das Hotel Thermae Palace.

Nur Eingeweihte wissen, dass man die beste Seezungen in der Langestraat Nummer 119 in einem Restaurant ohne Leuchtreklame isst, dem *In de stad Kortrijk*, unter Freunden „Bei René" – vorausgesetzt, der Chef ist guter Laune.

Acht Antiquitätenhändler haben Ihre Fundsachen – Geschirr, Tischwäsche, Gemälde und Silberwaren – in einem Nachbarhaus versammelt, dem *Antique Center*. Ein paar Geschäfte weiter befindet sich der berühmte Juwelierladen *Hulpiau*, ein Familienunternehmen seit mehreren Generationen. Angesichts des Klassizismus' des Ostender Bürgertums zählen Anne et Guy Hulpiau zu den wenigen Originalen. Die beiden Liebhaber der Dekorationskunst haben mit sicherem Geschmack ein Appartement in der luftigen Höhe eines Gebäudes aus den 60er Jahren eingerichtet. Wenn man sie fragt, wie sie in diesem Glaskasten mit seinen 34 Etagen überleben können, antworten sie mit entwaffnender Logik: *„Wir sind die Einzigen, die nichts davon sehen!"* Wie alle Einheimischen lieben sie, deren Söhne an

Angelruten warten am Ende der Holzwehre an der Hafenausfahrt von Ostende auf Beute. Im Juli kann man von hier aus den Start der großen Regatten beobachten. Ein langer Spaziergang am Hafen ist Pflicht, bevor man eines der zahlreichen Restaurants des Visserskaai besucht.

Segelregatten teilnehmen, das Meer. Und sie haben von jedem Fenster aus ungetrübten Meeresblick. Das von Philip Simoen eingerichtete Appartement strotzt vor Design. Anne und Guy haben eine Vorliebe für die Memphis-Gruppe. Zwischen Mariscal-Hockern, Alessi-Objekten, Ettore-Sottsass-Regalen und dem Cassina-Tisch haben sie auch ihre afrikanischen Sammlungen ausgestellt.

In der Galerie James-Ensor gehört das *James*, eine rustikale Taverne, zu den beliebtesten Treffpunkten Ostendes. Seit vierzig Jahren wird die Spezialität des Hauses, Garnelenkroketten, täglich frisch nach einem Geheimrezept zubereitet.

La Pipe monte la garde (Die Pfeife schiebt Wache), so nennt sich das letzte Bollwerk vor dem heißen Viertel. Serge und Frida Govaert sind berühmte Ostender Antiquitätenhändler und haben das Geschäft übernommen, das seinen originellen Namen Serges Vater verdanke, der nie ohne Pfeife gesehen wurde! Zwischen den Möbeln und klassischen Objekten

Die Lotsenräume des Hafens sind mit Fresken des Malers Roger Raveel dekoriert.

sowie Tüchern aus dem XIX. Jahrhundert stößt man mit ein wenig Glück auf einen traumhaften alten Edelstein.

Wer in aller Ruhe einen Kaffee in anheimelnder Atmosphäre schlürfen möchte, sollte die *Brasserie des Hotel du Parc* besuchen. Das umgebaute Hotel hat viel von seinem ehemaligen Charme verloren, aber die Dekoration der Brasserie konnte erhalten werden: alles, bis hin zu den Kaffeefiltern verströmt Art-déco-Atmosphäre. Was wäre Ostende, wenn alle Gebäude mit der gleichen Sorgfalt behandelt worden wären? Endlich, muss man sagen, endlich scheint sich etwas in den Köpfen der Menschen zu wandeln. Die herrlichen Postgebäude aus dem Jahr 1953, die wir dem Architekten Gaston Eysselinck verdanken, sowie die Skulptur von Jozef Cantré an ihrer Spitze, wurden unter Denkmalschutz gestellt. Die Statue gegenüber, La Mer, ist das Werk von Georges Grard und wird im Volksmund „Dikke Matille" genannt. In verführerischer Pose liegt sie inmitten eines Blumenmeeres.

Kirchen, Museen, Erinnerungen an die Vergangenheit, die Stadt bietet interessante Ansatzpunkte im Überfluss. Im neuen Rathaus, das 1957 von Bourgeois entworfen wurde, ist ein Folkloremuseum untergebracht. Das *Nationalmuseum De Plate*, das die Geschichte Ostendes, seiner Seefahrer und seiner Fischer darstellt, beherbergt außerdem eine archäologische Sammlung und Erinnerungen an die Belle Époque. Im Museum der Schönen Künste ist ein Raum James Ensor, ein anderer Léon Spilliaert gewidmet.

Blaustein und Edelstahl beherrschen die Küche des Juweliers Hulpiau.

Im Museum für Religiöse Kunst sind moderne Exponate religiöser Inspiration ausgestellt, unter anderem Werke von Künstlern wie Jacob Smits, Gustave Van de Woestijne und James Ensor. Besonders originell ist das Museum der Provinz für Moderne Kunst, das in einem Gebäude untergebracht ist, das ursprünglich ein Großkaufhaus aufnehmen sollte. Lange Zeit war dieses Museum das einzige in Belgien, das ausschließlich Sammlungen belgischer Kunst des XX. Jahrhunderts zeigte. Die Liebe zur Kunst atmet man in Ostende sogar im Lotsengebäude des Hafens, dessen Mauern von Roger Raveel bemalt wurden.

Das Stadtbild wird beherrscht von den beiden Türmen der Peter-und-Pauls-Kirche, die 1904 nach Plänen des Architekten L. de la Censerie erbaut wurde. Im Innenraum verdienen besonders die Glasfenster von Michel Martens, eines Künstlers aus Varsenare, Beachtung. Anschließend bietet sich Gelegenheit zur inneren Einkehr vor einem Grabmal aus weißen Marmor, einer Arbeit des Bildhauers Fraikin für die in Vergessenheit geratene Königin Louise-Marie. Die Gemahlin Leopolds I. starb 1850 in Ostende.

Seit dem Beginn des XX. Jahrhunderts wurde der Hafen mehrfach ausgebaut. Im Yachthafen zwischen Bahnhof und Rathaus liegt, umzingelt von einer Yachtenflotte, stolz der Dreimaster, der als Schulschiff alle Meere der Welt befuhr: die *Mercator*. Wer einen originellen Veranstaltungsort sucht, kann die *Mercator* für einen Abend mieten. In einem weiteren Yachthafen, dem des vor

Die Fischkutter machen direkt neben dem betont graphischen Leuchtturm Lange Nelle fest. Der 69 Meter hohe Turm wurde 1949 erbaut. Das Feuer des mit einem Architekturpreis ausgezeichneten Bauwerks ist noch vierzig Kilometer auf hoher See sichtbar.

150 Jahren gegründeten *Royal Yacht-Club of Ostend*, schaukeln Dutzende wunderschöne Segelschiffe. Auf der gegenüberliegenden Seite befindet sich eine der größten Fischhallen Europas, wo Fische und Garnelen mehrmals wöchentlich öffentlich versteigert werden.

Ein paar Schiffwracks bilden die realistische Kulisse des Leuchtturms *Lange Nelle* – der mit einem Architekturpreis ausgezeichnet wurde und allabendlich seine drei Leuchtfeuer zündet, die vierzig Kilometer weit ins Meer reichen. Hier am Leuchtturm machen die Fischkutter fest, um ihren Fang zu löschen, der in der Fischhalle verkauft wird. Beliebtester Fischertreff ist die Kneipe *Vismijn*, die rund um die Uhr geöffnet hat. In der *Vismijn*, die um sechs Uhr morgens oft überfüllt ist, gibt es neben einem großen mit Tischen möblierten Raum auch einen Billardsaal und ein Aquarium mit exotischen Fischen. Segelfreaks verlassen Ostende nicht, ohne bei *Lefebvre* einzukehren, wo sich Matrosen aller Herren Länder ein Stelldichein geben. Hier informieren sich auch erfahrenste Seeleute über die letzten Neuheiten in Sachen Takelage, diskutieren über *winches* und *drisses* und kaufen Ölzeug. Zur Familiengeschichte gehört,

Die Holzwehre ragen weit ins Meer hinein. Von hier aus lassen sich die Schiffe am besten beobachten. Bei starkem Wind wissen die Spaziergänger nicht mehr, ob sie schon auf dem Meer oder noch an Land sind und wandeln in Gedanken versunken auf den Brücken der vorbeifahrenden Schiffe.

dass man sich nicht mit dem Geschäft und dem Atelier begnügt, Vater und Sohn Lefebvre nehmen auch an Regatten teil. Der Großvater hat seine Schneiderarbeit bei Butch aufgegeben und ist heute ein Spezialist für Spinnaker. Ostender, die der Stadt überdrüssig sind, treffen sich in der angenehmen Atmosphäre eines der Restaurants um die hübsche weiße Kirche von Sankt Anna in Stene, einem Vorort. Im Gasthof *Fossenhol* schlemmt man Muscheln oder Crêpes, im *'t Genoegen* eine Fondue Bourgignonne. Ostende verlässt man mit Tränen in den Augen, wie eine verflossene Liebe, deren Gesicht noch Spuren vergangener Schönheit zeigt. Mit Wehmut, in der Hoffnung, die Stadt einst wiederzusehen, in altem Glanz und Schmuck. Was bleibt, ist die Verliebtheit in ihre Vergänglichkeit, ihr einzigartiges Licht, die typischen Bistros und die Erinnerung an Künstler, die sie gefeiert haben.

Die Westküste:
Küste der Boheme

Töpfereien, Feuersteine und Spuren von Hütten, die in Middelkerke gefunden wurde, sind der Beweis dafür, dass sich hier im Neolitikum Menschen niedergelassen hatten. Im Mittelalter befand sich hinter den Dünen eine *Ter Strepe* genannte Lagune. In ihrer Mitte erhob sich um eine Kirche ein kleines Bauerndorf. Daher der Name Middelkerke (Kirche der Mitte). Auch dieses Land wurde in hartem Kampf dem Meer abgerungen. Eines Tages fand ein Pfarrer am Strand ein von der Flut angeschwemmtes Kruzifix und schenkte es der Kirche. Seitdem ist das Wunderkreuz von Middelkerke ein besonderes Kultobjekt für alle Fischer.

Schon 1870 gab es ein Gasthaus in Middelkerke: ein Zufluchtsort der Ruhe auf halbem Weg auf der Deichpromenade von Ostende nach Westende für alle, die vor dem Andrang an den großen Stränden flüchten wollten.

Leider entwickelte sich der Ort reichlich fantasielos mit geraden Straßen und rechten Winkeln. Nach dem Krieg hätte man diese Fehler korrigieren können, doch Middelkerke wurde nach dem alten Schema wieder aufgebaut. Originell ist das kleinste Casino der Welt, dessen Middelkerke sich rühmen darf. In dem als normannische Villa getarnten, quer zum Deich errichteten Casino finden jeden Sommer Konzerte flämischer Sänger statt. In den Poldern erzählen einige Höfe noch Geschichten aus fernen Zeiten. Im *'t Fleriskot* soll es heute noch spuken. Freundlicher fällt der Empfang im *Spermalie* aus dem XIII. Jahrhundert aus, wo die Feriengäste Bekanntschaft mit dem Leben der Bauern machen können.

Am Deich erwartet den Spaziergänger ein verblüffendes Gebäude, das auf Grund seiner runden Form auch heute immer nur „*La Rotonde*" genannt wird. Erbaut wurde es 1910 von Octave Van Rijsselberghe, einem der Anführer der Brüsseler Jugendstilbewegung. Charakteristisch sind die für die Zeit unglaublich modernen Formen.

Wer heute in Westende vor den grauen Hochhäusern steht, kann sich nur schwer vorstellen, dass der Ort einst zu den schönsten Seebädern der Küste zählte. Ein Großteil der Dünen wurde parzelliert und die schönsten Villen mussten Gebäudekomplexen Platz machen. 1897 war Westende Privatbesitz des Industriellen Édouard Otlet, der den Ort der Bädergesellschaft von Middelkerke und Westende abgekauft

Von April bis Oktober prägen die Umkleidekabinen das Strandbild. In manchen Seebädern müssen sie weiß gestrichen werden, in anderen dürfen sie farbig gestreift sein.

In den Kabinen, die oft den Namen der Villa des Besitzers tragen, liegen Badetücher, Badeanzug und Schwimmhose sowie Eimer, Schäufelchen und das berühmte Krepppapier, aus dem kunstvolle Blumen gezaubert werden.

Oben: Der Fischerhafen von Nieuwpoort zählt noch etwa dreißig Fischerbote. Man unterscheidet vier unterschiedliche Typen: die kleinen Fischerboote, die bis zu fünf Tage auf hoher See bleiben, die mittelgroßen, die erst nach acht Tagen wieder den Heimathafen anlaufen, die großen Fischerboote, die bis zu zwanzig Tage an der isländischen Küste fischen, und die kleinen Krabbenfischerboote, die um ein Uhr morgens den Hafen verlassen und gegen Mittag heimkehren. Und wer die Fischversteigerung verpasst hat, findet am Kai die besten Fischereien in Nieuwpoort.

Im eleganten Yacht-Club des Hafens von Nieuwpoort treffen sich die Segelfreunde

Die Familie Otlet gründete die Aktiengesellschaft *La Westendaise* und beauftragte den Architekten Alban Chambon, der zwei Jahre später das Casino von Ostende umbauen sollte, mit der Neugestaltung. Es dauerte nicht lange, bis um das Casino die ersten Villen errichtet wurden. Die Pläne sahen kurvenreich geschwungene Straßen vor, zum Schutz vor dem Wind und als Garant für eine schöne Aussicht. Vor dem Ersten Weltkrieg bestand Westende aus 250 Villen, die an geschwungenen Alleen lagen. An diesen Charme erinnert nach dem Weltkrieg und dem anschließend aufkommenden Massentourismus nichts mehr. Die Seele von Westende erlosch an dem Tag, da das *Westend Palace* dem Erdboden gleich gemacht wurde, ein altes Hotel mit einer einmaligen Atmosphäre, gelegen an der Ecke des Deiches und der Tennisplätze. An seiner Stelle wurden unsägli-

Fisch, der bei der Versteigerung nicht den Mindestpreis erzielt hat, wird mit Säure vernichtet, um die Preise stabil zu halten.

che riesige Betonklötze errichtet. Einige wenige Zeugen aus der Zeit der Belle Époque sind erhalten, so das Haus *Yseland*, das die letzten Islandfischer beherbergte und wie ein Denkmal oder ein Chanson von Paimpol eine Ode an den Mut der Fischer ist.

In der Mündung der Yser liegt Nieuwpoort. Hier wurden mit Vorliebe europäische Konflikte kriegerisch geregelt. Im Ersten Weltkrieg stand Nieuwpoort bei der fürchterlichen Yser-Schlacht im Mittelpunkt. Die Deutschen sollten den Ort nie erreichen, weil die Schleusen geöffnet und die Polder überschwemmt worden waren. Aber die Bomben leisteten ganze Arbeit. Die vollständig zerstörte Stadt Nieuwpoort wurde nach den Originalplänen wieder aufgebaut und hat sich so eine einmalige Authentizität erhalten. Mit seinem weiten Strand, den hübschen Hafenwehren und all den Segelboten im Yachthafen versprüht Nieuwpoort-Bains einen eigenwilligen Charme. Zahlreiche Sportsegler haben dem industrialisierten Hafen von Zee-

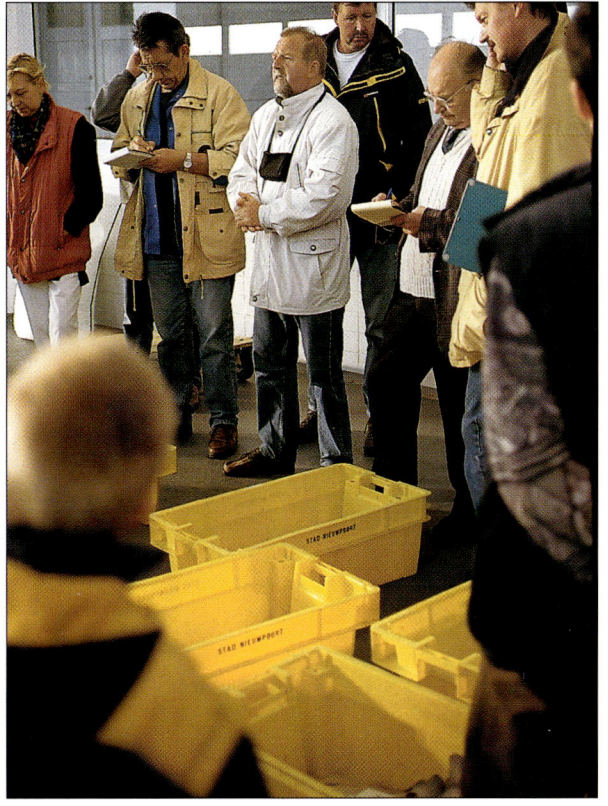

Oben und rechte Seite oben:

Der berühmte Bildhauer Roel D'Haese lebte mit seiner Frau, der Schriftstellerin Chris Yperman, im Simli-Viertel bei Nieuwpoort. Ihr Haus wurde von dem Brügger Architekten Peter Callebaut in den Fünfzigerjahren wie ein großer Loft angelegt. Es ist ein echtes Künstlerhaus, in dem man Wachsfiguren des Bildhauers, Fotos und Kunstbücher findet.

Rechte Seite unten:

Chris Yperman vor einem mit Kollagen geschmückten Paravent, den Roel für sie angefertigt hatte.

brügge inzwischen den Rücken gekehrt und sich in diesen Tempel des Wassersports und des gesunden Lebens geflüchtet.

Angefangen hat alles mit der Versandung der Mündung von Lombardsijde im Jahr 1116, als ein Meeresvorstoß die Ysermündungen überschwemmte. An den Ufern des neuen Flussbettes entstand neben dem kleinen Dorf Santhoven Novus Portus oder Nieuwpoort, das sich schnell zu einem bedeutenden Fischereihafen entwickeln sollte. Doch zu oft wurde Nieuwpoort das Opfer kriegerischer Auseinandersetzungen. Bereits im XIV. Jahrhundert musste Philipp der Kühne die Stadt vollständig wiederaufbauen lassen.

Die Befestigungen und der übel riechende Wassergraben verliehen dem Ort schnell den Ruf notorischer Gesundheitsschädlichkeit. Ihre Schleifung 1856 versprach Besserung. Im Schutz des Leuchtturms aus dem XIII. Jahrhundert bewahrte der Strand von Nieuport-Bains seinen wilden Charakter.

Benjamin Crombez, eine einflussreiche Persönlichkeit aus dem Hennegau, gründete 1864 die Gesellschaft der Seebäder, um Nieuport-Bains zu neuem Glanz zu verhelfen. Doch sein Wunsch, aus der Stadt einen elitären Ferienort zu

Miekehill, eine der erhaltenen Villen von Sint-Idesbald, mit Blick aufs Meer.

machen, hatte Einschränkungen wie das Verbot des Getränkeverkaufs auf dem Deich zur Folge. Und Nieuwpoort fristete weiterhin ein Schattendasein. Ein paar Hotels und Pensionen reichten aus, um die wenigen Gäste zu beherbergen.

Doch wahrscheinlich war dies gleichzeitig der Grund dafür, dass Nieuwpoort sich zu einem bevorzugten Urlaubsziel für Künstler entwickelte. Der Bildhauer Olivier Strebelle erzählt, dass er hier die Ferien mit seinen Eltern verbrachte: *„Mit dem Zug fuhren wir von Brüssel nach Ostende, wo wir James Ensor besuchten, einen Freund meiner Eltern, der sich in meine Mutter verliebt hatte und sie in seinen Briefen die Frau in Blau nannte. Wir Kinder waren von Ensors Sammlungen fasziniert. Vor allem die seltsamen Sirenen, ausgestopfte Objekte – halb Fisch, halb Affe –, hatten es uns angetan. Man wusste nie, wo der Affe aufhörte und der Fisch anfing. Anschließend nahmen wir die Straßenbahn nach Nieuwpoort, wo wir im Hotel des Dunes abstiegen, der Lieblingspension aller Maler. Dort begegnete ich Alechinsky. Die Poesie der Hafenausfahrt von Nieuwpoort zog uns alle in*

Dünenhafer befestigt stellenweise die Dünen entlang der belgischen Küste.

ihren Bann. Später, als Keramikkünstler, habe ich in riesigen Öfen der Ziegelbrennerei von Nieuwpoort meine erste Auftragsarbeit für das Casino von Ostende, Le Triton et la Naïade, angefertigt."

Auch heute noch kehren morgens um sieben Uhr die Fischkutter in den Hafen von Nieuwpoort heim, wo sie die Fischhalle mit ihrem Fang beliefern, der dort versteigert wird. Um die Marktpreise stabil zu halten, werden die Fische, die nicht zum vorgesehen Preis verkauft werden konnten, im Säurebad vernichtet.

Die Lebensbedingungen der Fischer sind immer noch hart, aber kein Vergleich mehr zu Ihren Kollegen aus vergangenen Jahrhunderten, die bis nach Island fuhren, um ihre Arbeit behalten und ihre Familien ernähren zu können. Die Überfahrt dauerte mehr als vierzehn Tage. Die Kabeljaubänke wurden durch Beobachtung der Seevögel ausfindig gemacht, die sich von dem Fisch ernährten. Der Kabeljau wurde mit Langleinen gefischt, an denen über die gesamte Länge dünne Schnüre mit Angelhaken

Die schönsten Häuser in Mariakerke findet man an den Dünen. Die Villa Marigold aus den dreißiger Jahren wurde komplett restauriert. Auf dem schönen Holzboden stehen Korbstühle aus den vierziger Jahren sowie ein Schrank, der auf dem Flohmarkt von Barcelona den Besitzer wechselte.

hingen. Tagsüber wurde gefischt und nachts der Fisch ausgenommen. Das Leben an Bord war besonders hart, die Männer schliefen höchstens drei oder vier Stunden pro Nacht, Trinkwasser gab es nur tropfenweise und das Essen bestand aus Kartoffeln mit Kabeljauköpfen. Ein mit viel Glück gefangener Seevogel, der gegrillt wurde, war ein Festschmaus. Waschen war unmöglich, und die Fischer wendeten ab und an ihre Kleider, die am Ende der Reise ins Meer geworfen wurde. Erst nach dem Ersten Weltkrieg verbesserte sich ihre Situation: Große Netze ersetzten die Langleinen, und der Fisch wurde mit Eis konserviert.

Seine heutige Bestimmung fand Nieuwpoort mit der Öffnung seiner Reeden für die Motor- und Segelgjachten *Nieuwpoort Europort* bietet Platz für 2000 Schiffe. Unzählige Touristen, Seeleute und Träumer geben sich hier ein Stelldichein. Empfehlenswert ist das Restaurant des *Yacht-Club*, wo man gemeinsam mit Matrosen aus aller Welt abseits des Trubels in der Sonne speisen kann.

Die beste Adresse im Stadtzentrum ist das *Café de Paris*, eine schöne, ganz in Mahagoni gehaltene Brasserie im Stil der Dreißiger. Der Fisch landet frisch zubereitet aus der Fischhalle auf den Tellern der Gäste. Neben klassischen Gerichten stehen hier eine Nordseebouillabaisse und riesige Meeresfrüchteplatten auf der Karte. Ohne Reservierung ist samstagabends die Aussicht auf einen Tisch im Café de Paris gleich null. Das hervorragende Fischgeschäft *Gaétane* befindet sich auf derselben Seite. Maritime Atmosphäre mit Bojen, Leuchttürmen und Bedienung im Seemannspullover bietet *'t Boothuis* auf dem Deich. Filip Ballie, Eigentümer und beschlagener Önologe, hat für seine Karte dreißig sehr gute Weine – unter ihnen einige Grand Crus – ausgewählt. Seinen Lachs räuchert er selbst, und seine *Côte à l'os* ist vorzüglich.

Im Hinterland von Nieuwpoort befindet sich das besonders ruhige, friedliche Simli-Viertel mit bewaldeten Dünen. In einem der kleinen Häuser wohnt die Schriftstellerin Chris Yperman, die mit dem Bildhauer Roel D'Haese liiert war. Bronzeskulpturen, Zeichnungen und Gravuren des Ziehsohns des Pariser Galeristen Claude Bernard haben ihren Stammplatz bei den bedeutendsten Sammlern. Eine seiner monumentalen Skulpturen, *Jan de Licht*, ist im Antwerpener Middelheim-Museum ausgestellt. Weil der Künstler unter schweren Asthmaanfällen litt, riet ihm sein Arzt 1964, sich in der guten Seeluft zu erholen. Roel überließ Chris die Suche nach einem geeigneten Domizil. Nachdem Chris die Küste in alle Richtungen abgeklappert hatte, entschied sie sich, fasziniert vom Hafen und den Hafenwehren, für Nieuwpoort. Das Paar zog zuerst in ein abbruchreifes Haus am Deich. Roel stieß bei einem seiner geliebten Spaziergänge durch die Dünen auf ein kleines, einfaches, geometrisch angelegtes Haus, das – beseelt vom Geist eines Japanologen – ihm auf Anhieb gefiel. Über einen gemeinsamen Freund lernte er den Brügger Architekten Peter Callebaut kennen, der das Haus Ende der fünfziger Jahre erbaut hatte, um es selbst zu bewohnen. Dem etwas sonderbaren Architekten fehlte jeglicher Geschäftssinn. Wenn einer seiner Kunden sich eine Kritik erlaubte, erwiderte Callebaut: *„Machen Sie es doch selbst!"* Die Folge war, dass er immer weniger Aufträge erhielt und das Haus aufgeben musste. Des einen Leid - des anderen Freud. Roel konnte endlich sein Traumhaus erwerben und triumphierend seiner Lebensgefährtin berichten: *„Ich habe dir ein Haus gekauft mit einem richtigen Badezimmer – für deinen schönen Allerwertesten!"* Callebaut war ein Gestaltungsgenie ohne Rücksicht auf Komfort. Chris erzählt, dass sie bei ihrem Einzug mit

Der Brüsseler Architekt Marc Corbiau entwarf das Haus von Roland Dewulf in Oostduinkerke, das sich perfekt in die Landschaft integriert. Die verwendeten Materialien harmonisieren mit Himmel, Sand und Meer.
Neben Möbeln von Christian Liaigre (oben) und dem berühmten Bild Les Moules von Marcel Broodthaers über dem Esstisch von Andrée Putman (Mitte unten) besticht die konsequente Grafik des Treppenhauses und der Flure.

einer Taschenlampe zur Toilette gehen und sich im Schein einer Büroleuchte waschen mussten. Über dreißig glückliche Jahre verbrachten sie hier. Das Haus ist wie ein großer Loft angelegt, mit einem Wohnzimmer, das ins Schlafzimmer übergeht. Auch nach Roels Tod 1995 ist Chris dem Haus treu geblieben und lebt zwischen Erinnerungen: Wachsfiguren, Kunstbücher, ein mit Collagen verzierter Wandschirm – alles hier atmet den Geist von Kunst und Gastfreundschaft. Allmonatlich organisiert Chris Yperman in ihrem Haus Theateraufführungen und Dichterlesungen. Chris ist voller Tatendrang: Am Theater von Brügge werden ihre Stücke aufgeführt, sie publiziert eine Gedichtsammlung und arbeitet an ihrem fünften Roman. Vielleicht findet sie ihre Inspiration auf dem geliebten Wehr, wer weiß?

Im Jahr 1882 wurde die Straße von Nieuwpoort nach Oostduinkerke verlängert, das damals noch ein verträumtes, isoliertes Fischerdorf war und nun Touristenströme aufnehmen konnte. Die Pläne der 1899 gegründeten *Société civile des Dunes d'Oostduinkerke* – aus dem Dorf ein echtes Seebad zu machen – konnten erst nach dem Ersten Weltkrieg umgesetzt werden.

Hier komponierte der Dichter Felix Timmermans seinen berühmten Bauernpsalm. Die flämischen Künstler und Intellektuellen trafen sich mit Vorliebe im *Hôtel des Dunes*.

Die Sportler kamen jedes Jahr zurück, um am internationalen Segelwagenrennen teilzunehmen. Dieser pittoreske Wettbewerb findet auch heute noch alljährlich Anfang Oktober statt.

Oostduinkerke besitzt immer noch einen weitläufigen Strand ohne Wellenbrecher, dafür aber mit einem schönen Dünenband. Vor allem aber ist Oostduinkerke der letzte Ort an der Küste, wo die Garnelen noch mit dem Pferd gefischt werden. Es gibt nur noch vier von diesen Fischern. Ihre Art der Fischerei ist nicht mehr rentabel und kann nur nebenberuflich ausgeübt werden. Jeder Fischer besitzt sein eigenes Pferd, das er nie tauscht. Die Erziehung der Pferde ist besonders schwierig: Drei Jahre geduldige Arbeit mit den schweren Brabanter braucht es, damit diese ihre Furcht vor den Wellen verlieren. Bei Ebbe ziehen die Männer zum Meer. Mit Körben und Netzen ausgerüstet, sitzen sie in einer Karre, die von den Pferden gezogen wird. Am Meer angekommen, werden die Pferde angeschirrt. Mit dem Schleppnetz wird der Boden abgeschabt. Einige Kilogramm schwer ist der Fang. Die Pferde gleichen gutmütigen Teddybären, doch Vorsicht ist angesagt. Es ist schon vorgekommen, dass die Tiere Panik am Strand verursacht haben, weil Kinder ihnen zu nahe gekommen sind!

Das Schauspiel bei Sonnenuntergang ist grandios. Wie lange bleibt uns dieses Ritual noch erhalten? Der Fang fällt immer magerer aus, die Fischer wenden sich ertragreicherer Arbeit zu. Und André Vermoote ist der letzte Fischer, der weiß, wie das Material hergestellt wird: Karren, Netze und so weiter … Wenn Sie seinem Kollegen Eddie Doster sympathisch sind, wird dieser ihnen vielleicht das Geheimnis der Garnelenfischer verraten: Kochen Sie die Garnelen in einer Flüssigkeit, die aus einem Liter Kaffee auf zwanzig Liter Wasser besteht. Das kleine Fischereimuseum erzählt die Geschichte dieser Fischer. Drei hübsche Schiffsmodelle sind ausgestellt – sowie ein typisches Fischerhäuschen und eine Kneipe.

Das Meeresufer ist ähnlich entstellt wie der Rest der Küste. Doch 200 Meter vom Strand entfernt kann man durch einen endlich geschützten Dünenstreifen spazieren – der Flämischen Gemeinschaft sei Dank, die einen Teil aufgekauft hat und ein Haus abreißen ließ, das den Dünenstreifen verschandelte. In der nahen Umgebung begegnet man Architekturbeispielen aus allen Epochen.

Marigold wurde 1929 erbaut und 1995 von Dominique Vermast und Wim Dejonghe liebevoll restauriert. Die beiden leben das ganze Jahr über in Oostduinkerke, trotz ihrer drei Söhne und eines bewegten Berufslebens. Mit einfachen Mitteln und viel gutem Geschmack haben die beiden ein helles, komfortables Familienhaus aus der verfallenen Villa gemacht.

Doch auch zeitgenössische Bauten verzücken. Das spektakuläre Haus von Roland Dewulff wurde von Marc Corbiau entworfen und gleicht einem in den Dünen gestrandeten Schiff. Mit seinen grauen Dachziegeln und der Teakholzterrasse passt es hervorragend in die Naturlandschaft. Disteln und wilde Kräutern schaffen eine natürliche Atmosphäre im Garten, den der Landschaftsarchitekt Marc van Wassenhove entworfen hat. Im Inneren des Hauses betonen edle Materialien – wie der grüngraue Pflasterstein in der Diele, das Eichen- und Bergahornparkett oder die wie Flößholz anmutenden Holzarbeiten – die eleganten Designermöbel von Starck,

Die Normandie wurde in den vierziger Jahren gebaut und sollte ein Luxushotel beherbergen. Doch Größenwahn und Dekadenz bestimmten ihr Schicksal. Heute liegt sie wie verlassen zwischen den Straßenbahnschienen und der Hauptstraße.

Andrée Putman oder Christian Liaigre. Zu der wertvollen Sammlung des großen Kunstliebhabers gehören Gemälde von Gerhard Richter, Tom Wesselman, Donald Judd, Marcel Broodthaers, Skulpturen von Georges Grard, Calder, Andy Warhol sowie Fotos von Jan Vercruysse, Thomas Ruff und Hiroshi Sugimoto. Oostduinkerke bietet auch einige Adressen für Feinschmecker. Zu allen Tageszeiten treffen sich Groß und Klein in der *Taverne Rubens*, wo leichte knusprige Waffeln serviert werden. Wem abends der Sinn nicht nach Kochen steht, kehrt meist in einem kleinen Restaurant ein: *De Spelleplekke*. Das grün, rosa und blau gestrichene Mobiliar wird von Art-Nouveau-Leuchtern angestrahlt, die Karte ist einfach, aber einfallsreich, die Preise sind moderat.

In einem kleinen Fischerhaus aus den fünfziger Jahren hat sich der Bildhauer Georges Grard niedergelassen.
Seine Frau, Francine Van Mieghem, ist ebenfalls Bildhauerin und arbeitet im Atelier ihres berühmten Mannes.

Auf der Straße nach Koksijde entdeckt man zwei schiffförmige Hotels aus den vierziger Jahren. Das *Normandie* sieht ein wenig verwahrlost aus, während das *Boothotel Peniche* noch Glanz ausstrahlt.

Die maritime Architektur zwischen den Dünen verleitet zum Träumen: Wie schön müssen diese steinernen Passagierschiffe gewesen sein, als sie noch auf einem Meer aus Sand standen. Wie trist ist ihr Anblick heute, gestrandet an einer großen Verkehrsachse neben den Straßenbahngleisen!

Koksijde ist aufgeteilt in drei Zentren, getrennt durch Dünenausläufer: die Seebäder von Coxyde-les-Bains, Sint-Idesbald und Coxyde-Village, das ursprünglich ein Marktflecken von Fischern und Bauern war. Das Dorf blieb lange von großen Veränderungen verschont. Badegäste kamen erst 1897, und man musste bis 1904 warten, bis eine von Pferden gezogene Tram das Dorf mit dem Strand verband. Wirklicher Tourismus entstand erst, als die *Société des Dunes d'Oostduinkerke et de Coxyde* ihr Land an den französischen Industriellen A. Blieck verkaufte. Die Maler Verdeyen und Dardenne machten es zu ihrem Lieblingsort, und zahlreiche Dichter wie Verhaeren feierten den bewahrten Glanz des Ortes. Die *Hogge Blekker* ist mit 33 Metern immer noch die höchste Düne der belgischen Küste. Koksijde ist berühmt für seine Hotelfachschule: *Ter Duinen*. Hier werden die besten Küchenchefs Belgiens ausgebildet.

Oben: Paul Delvaux hatte ein Fresko mit zwei Sirenen auf die Mauern des Hauses seines Freundes Georges Grard gemalt.

Darunter: Pierre Caille bewohnte ein benachbartes Fischerhaus. Das ganze Haus atmet heute noch die Poesie des Keramikkünstlers.

Das einstmals malerisch-wilde Sint-Idesbald verdankt seinen Namen dem dritten Abt der Dünenabtei. Als der Ort noch ein kleines, verlassen wirkendes Dorf war, entwickelte er sich zum Feriendomizil zahlreicher Literaten und Maler: Karel Van de Woestijne war ein oft gesehener Gast, José Van Gucht logierte in einem Bunker, und Baker war im Vlierhof untergebracht, der heute das Delvaux-Museum beherbergt.

1931 bezog der große Bildhauer Georges Grard ein Fischerhaus. Seine Anwesenheit lockte viele Künstler nach Sint-Idesbald: den Keramikkünstler Pierre Caille, die Maler Paul Delvaux und Taf Wallet. An jedem Wochenende erhielten sie Besuch von Edgard Tytgat, den Brüdern Paul und Luc Hasaerts, dem Graphologen Gustave Careels, dem Violinisten Jean-Christophe Van Hecke und von Robert Giron, dem Leiter des Museums für Schöne Künste.

Das Restaurant De Kokkel in Sint-Idesbald ist in einem alten Fischerhaus untergebracht.

Zu dieser Zeit entstand, was man die Schule von Sint-Idesbald nennen könnte, die keine wirkliche Bewegung war, weil die Arbeit der Künstler individuell blieb. Grard war die Seele der Schule und erzählte über seine abgebrannten Freunde: *„Wir wussten nicht, wie wir lebten, aber wir lebten."* Man traut seinen Ohren nicht, wenn Francine Van Mieghem, die letzte Frau des Bildhauers berichtet, dass sie kein Geld hatten, um den Strom zu bezahlen und sich mit Kerzenlicht behelfen mussten. Als im Krieg die Not groß und der Hunger unerträglich wurde, mussten sie sich mit geronnener Milch begnügen.

Als wieder Frieden eingekehrt war, traf sich die Gruppe regelmäßig zum Essen bei einem der Künstler. An Festtagen kam der eine mit einer Lammkeule, ein zweiter mit einem hausgemachten Kuchen und der Dritte brachte eine Flasche Wein mit. Stundenlange Diskussionen beherrschten die Nachmittage, die immer mit einem Boulespiel endeten.

Grard war vernarrt in einem Bauernhof, der damals 80.000 Franken kostete. Natürlich besaß Grard keinen Centime. Der Sammler Van Geluwe gab Grard für seine Skulptur *Le Printemps* den Preis des

Hauses. Hier wohnt heute noch Grards Frau, Francine Van Mieghem. Als Zeichen der Freundschaft hat Paul Delvaux auf die Fassade ein Fresko gemalt, das zwei Sirenen darstellt. Leider haben Wind und Wetter das Fresko beinahe vollständig zerstört.

Die Bildhauerei liegt den Grards im Blut. Francine Van Mieghem begegnete Georges, als sie in der *Academie de la Cambre* studierte. Zwei ihrer Töchter, Isabelle Gabriels und Chantal Grard, sind ebenfalls Bildhauerinnen. Alle mussten Modell stehen, berichtet Francine: Die stand Modell für La femme regardant le soleil. Heute teilen sich Francine, Isabelle und Chantal das in griechischem Blau, der Lieblingsfarbe von Georges, gehaltene Atelier. Es ist immer wieder rührend, wenn Francine auf ein kleines Graffiti auf der Mauer zeigt, das *„anniversaire Francine"*. Überall im Haus begegnet man Skulpturen und Zeichnungen der ganzen Familie.

Zwei Keramikarbeiten, ein Souvenir von Pierre Caille, zeigen einen Reiter und eine Tänzerin. Sie rahmen den Kamin ein.

1945, bei einem seiner Besuche bei der Familie Grard, verliebte sich der Maler Paul Delvaux in Sint-Idesbald. Einige Jahre später ließ er in den Dünen ein kleines Atelierhaus bauen. Als er erfuhr, dass das Fischerhaus nebenan frei wurde, rief er umgehend seinen Freund Pierre Caille an, der die Gelegenheit beim Schopf packte und Haus und Mobiliar erwarb.

Der Keramiker Pierre Caille hatte seine Laufbahn als Maler begonnen.

L'Atelier en Folie und die Spezialität des Hauses:
La Hâte Levée

Oben: Der Koksijde-Yachting-Club ist bevorzugter Treffpunkt der sportlichen Jugend an diesem Küstenabschnitt.

Unten: Die Pension Eglantine in einer typischen Villa vom Beginn des 20. Jahrhunderts bietet nur drei Fremdenzimmer an.

Außerdem hatte er als Graveur gearbeitet und Schmuck entworfen. Die einfache Atmosphäre des Fischerhauses, aufgelockert mit zahlreichen stimmungsvollen Objekten, blieb erhalten, Heute wird es von der Nichte des Künslers, Zoé Uytdenhoef, bewohnt, die schon als Kind hier ihre Wochenenden verbrachte. Als Huldigung an ihren geistigen Vater hat sie alles so belassen, wie es war – und der Geist von Pierre Caille beseelt immer noch dieses Haus.

Charles Van Deun, Neffe des Künstlers, gründete die Stiftung Paul Delvaux, die im *Vlierhof* untergebracht, einem ehemaligen Bauernhof, der sich unter Glyzinien und Rosenstöcken duckt. Der *Vlierhof* war nacheinander Squat für den Maler Baker, Hotel, Restaurant, Molkerei, Café und Künstlertreff. Das Museum öffnete seine Tore 1982. Der von nackte weißen Frauen und Dampflokomotiven besessene Surrealist besuchte seine Stiftung regelmäßig. Er liebte die Atmosphäre des kleinen Museums, wo er seine Bewunderer traf. Sein Erfolg und die Notwendigkeit, große Gemälde auszustellen, führten zum Ausbau der Räumlichkeiten. Heute erfreut sich das Museum dank seiner herrlichen Sammlung großen Publikumsandrangs.

Das *Museum des Malers Taf Wallet* gehört auch zu den Attraktionen der näheren Umgebung. Das Gründungsmitglied der Gruppe Nervia und der Gruppe Peintres de la Mer, dieser post-impressionistische Maler von Marinemotiven, Landschaften und Stilleben, ist Autor von Fresken, Mosaiken und Kirchenfenstern.

Sint-Idesbald versprüht immer noch den Charme vergangener Zeiten und ist auch heute noch Inspirationsquelle für Künstler. Marcel Lizon, ein ehemaliger Steward der Handelsmarine, arbeitet wochentags als Maler und steht am Wochenende an den Kochtöpfen seines Restaurants *L'Atelier en folie*. Mit Fundmobiliar hat er ein kleines Haus von 1900 dekoriert, selbst die Tische und Decken gestrichen und seine Gemälde an die Wände gehängt. Marcel beschreibt sein Werk als irrealistisch: *„Ich gehe mit Gewürzen um wie mit den Werten der Malerei."* Auf der Speisekarte stehen Terrinen und regionale Gerichte, nach alter Tradition zubereitet. Die Spezialität des Hauses ist eine Komposition aus gefülltem Speck, Knoblauch und Gewürzen und heißt „La Hâte Levée" (Anbrechende Eile) – im Gedenken an die Bauern, die mit dem ersten Morgengrauen aufstehen und in aller Hast frühstücken mussten. Für die Freunde exotischer Küche bereitet Marcel zweimal monatlich ein hervorragendes Couscous.

Offensichtlich ist diese Ecke der belgischen Küste von überraschenden Affinitäten zwischen Kunst und Küche beseelt. Sympathisch ist auch das Restaurant *De Kokkel*. Besitzer ist Yves Desmedt, ein Schwiegersohn von Georges Grard. Untergebracht ist es in einem kleinen Bauernhof und gehört zu den besten Adressen an der Küste. Der Vielgereiste verarbeitet vor allem Meeresspezialitäten und würzt seine französische Küche mit einer exotischen Note. Spezialitäten sind: Steinbutt an vier Gemüsen, Fischsuppe und Tarbutt.

Neben den großen Hotels mit dem Charme eines Betonklotz findet eine weitere Unterbringungsformel eine wachsende Anhängerschar: *bed and breakfast*. Die Pension *Églantine* ist in einer typischen Villa vom Beginn des XX. Jahrhunderts untergebracht. Dieses wunderbar romantische Hotel in Strandnähe

Oben: De Panne gab sich zu Beginn des Jahrhunderts betont elegant. Davon zeugen immer noch Jugendstil und Art déco im Stadtzentrum.

Unten und rechte Seite: In Bray-Dunes auf französischer Seite begegnete man dem Küstenstreifen mit mehr Respekt. Hier stehen heute noch Häuser aus der Zeit um 1900.

besitzt nur drei Zimmer. Erkerfenster und altmodische Details erinnern an die Zeiten, da die größten belgischen Künstler sich in den Dünen zum Boule-Spiel trafen.

Nebenan, auf einer Sanddüne, entging die Villa *Miekehill* nur knapp dem Anschlag der Löffelbagger der Baulöwen. Weiter unten am Strand treffen sich die Jugendlichen auf ein Sandwich im *Koksyde-Yachting-Club VZW*, bevor sie sich auf ihre Katamarane stürzen.

Eine Dünensenke, *panne*, gab dem Ort seinen Namen. Am 17. Juli 1831 betrat König Leopold I. sein neues Reich in De Panne. Das sollte ausreichen, um die Bourgeoisie aus Veurne in Scharen anzuziehen. Bis dahin besuchten vor allem Intellektuelle aller Geistesrichtungen das Hotel *Dallein*, um in dieser einsamen

Gegend aufzutanken. 1873 öffnete das erste Casino in einer ehemaligen Scheune, einem Pfahlbau. Der Maler Artan hatte sich hier für seine schönsten Marinebilder inspirieren lassen.

Die Familie Calmeyn erwarb Ende des XIX. Jahrhunderts die Dünen von De Panne, um dort einen Jagdpavillon bauen zu lassen. Als die Calmeyns des Wildes überdrüssig waren, beschlossen sie, hier ein Seebad einzurichten. Ihr Nachfolger, ein gewisser Pierre Bortier, trieb die Entwicklung voran, indem er den Matrosen Ländereien und Schiffe gab, um sie anzulocken. Er ließ eine Schule und eine Kapelle bauen. Die Fischerei war damals Haupteinnahmequelle, und viele Fischer fuhren bis nach Island. Wenn die Fischer ihre schweren Barken an Land zogen, war das für die Urlauber wie eine Theateraufführung.

Unweit der *Esplanade Leopold II*, ragt ein bronzener Matrose in den Himmel. Diese Skulptur ist eine Hommage an die Fischer und stellt Pier Kloeffe dar, der es schaffte, neunmal mit *galetten* (flachen Schiffen) zur Islandfischerei zu fahren.

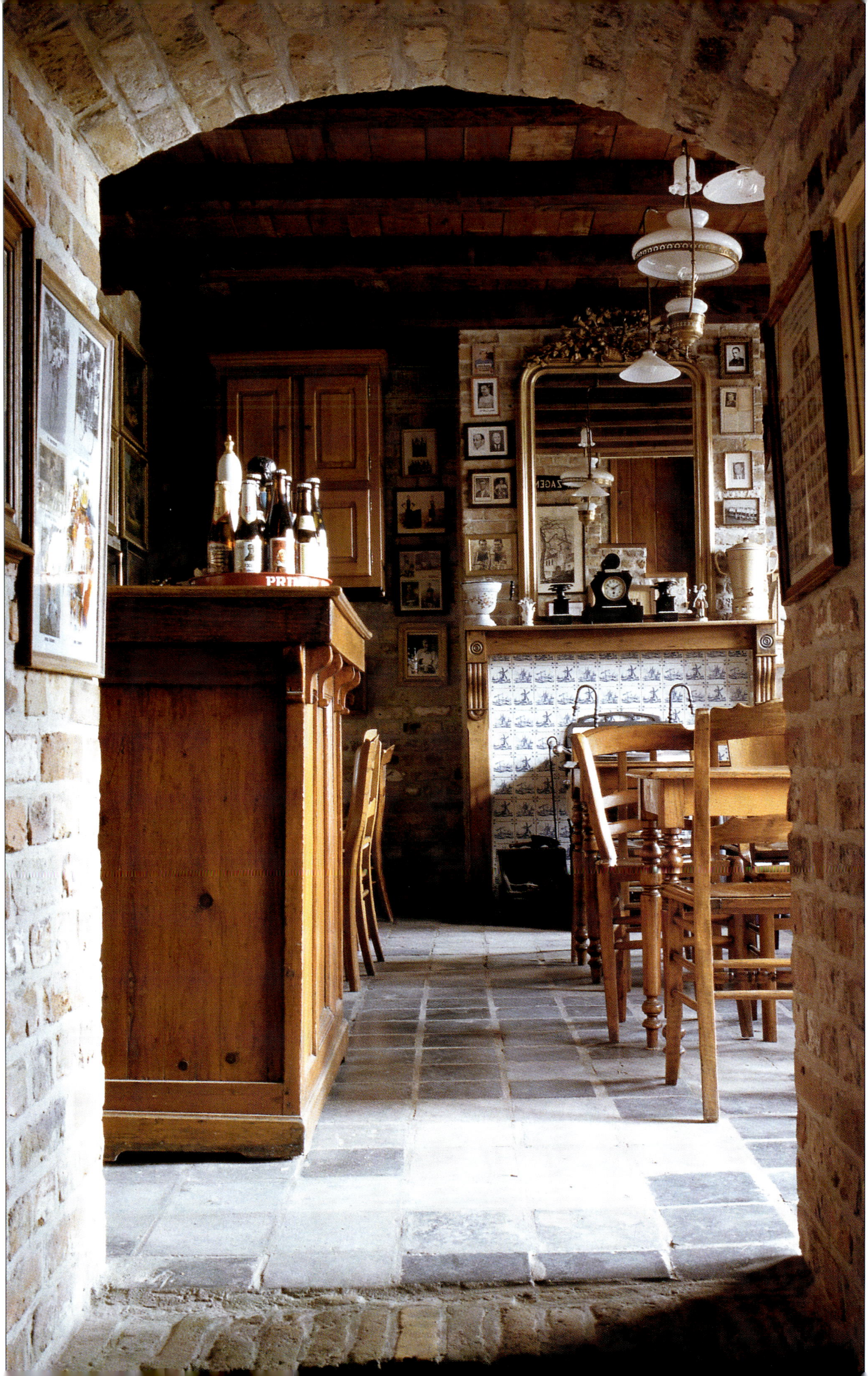

Linke Seite und oben: In der Herberge 't Oud Wethuis im ländlichen Museum Bachten de Kupe hinter der Kirche von Izenberge kann man regionale Biere kosten. Die Kneipe wurde traditionsgetreu wiederaufgebaut, wie alle Gebäude, die sie umgeben, von der Druckerei über den Laden bis hin zur Holzschuhmacherei.

Rechts: Potjesvlees ist eine Spezialität aus Veurne auf Basis von Kaninchen und Kalbsfleisch. Nach traditioneller Weise hergestellt, kann man dieses Gericht noch im Restaurant Excelsior auf dem Marktplatz von Veurne genießen.

Wer von De Panne berichtet, muss die Familie Dumont erwähnen, die wie kaum eine andere die kühnsten Phantasien mit ausgeprägtem Perfektionismus verband. Dem Architekten Albert Dumont verdanken wir die schönsten Ecken von De Panne. Dumont respektierte die Hügel der Dünen und ließ Wege anlegen, die dem natürlichen Relief folgten. Nur der Deich wurde angeglichen. Mit Dumont ließen die Architekten Viérin und Hobé ihrer Phantasie freien Lauf und übertrafen sich im Bau findiger Häuser. 1912 gab es in De Panne bereits 60 Hotels und 300 Villen. Philippe Dumont schreibt in seinem Buch *L'Aventure des villas*: „*Unser Vater führte uns von einer zur anderen. Unsere Unterkünfte waren blau wie die Villa Renée oder rot und grün wie Les Coquelicots. Die Villen rochen nach frischer Farbe, und die Decken nach Schimmel ...*"

Den Brüdern Dumont verdanken wir auch die Erfindung des Segelwagens. Der Flieger Louis Blériot gehörte zu den ersten, die eine Runde mit diesem Wasserfahrzeug auf Fahrradrädern wagten.

Während des Ersten Weltkriegs ließ sich die königliche Familie in De Panne nieder, das zur Hauptstadt des unbesetzten Belgien wurde. Sie bewohnten drei Villen in den Dünen. Regelmäßig konnte man die Königin Elisabeth auf dem Weg ins *Hotel Ocean* beobachten, das zum Krankenhaus umfunktioniert worden war. Das Königspaar besuchte regelmäßig die Messe in der Kapelle der Oblatenbrüder. Nach dem Krieg durften die Ordensbrüder sie umtaufen in „Königliche Kapelle".

Während der Années folles, zogen das neue Casino und die Tennisplätze, wo Paul Henri Spaak häufig Gast war, viel Volk an. 1935 wurde auf dem angrenzenden Gelände von Adinkerke der Freizeitpark *Meli* eröffnet, der heute noch eines der beliebtesten Ausflugsziele für Familien mit Kindern an der Küste ist. In den vierziger Jahren strandete selbst ein Wal in De Panne.

Die ersten Hochhäuser erschienen noch vor dem Zweiten Weltkrieg. Heute stoßen die Betonstädte sogar an das herrliche Naturreservat *Westhoek*, das aus zwei Dünenstreifen besteht, die durch Thymianbüsche und Pimpinelle vom Meer getrennt sind. In ihrer Mitte erstreckt sich die „Sahara", eine breite Promenade, auf der man die verschiedenen Formationsstadien der Dünen beobachten kann. Dieser magische Ort diente mehrfach als Filmkulisse, unter anderem bei Jacques Brels *Franz*.

In der Hauptstraße verstecken sich hinter den Leuchtreklamen der *fritkot* und Sportgeschäfte ehemalige Hotels vom Beginn des XX. Jahrhunderts. Der Jagdpavillon der Familie Calmeyn wurde zum Pavillon Bortier – und leider 1955 zerstört. Doch die Caféterrassen auf dem halb gepflasterten Deich halfen, De Pannes einmaligen Charakter zu bewahren.

Nach zwei Stunden Fußweg erreicht man Brays-Dunes. Die geographische Lage ließ enge Bande zwischen Frankreich und De Panne entstehen. De Panne

In Gijrinkhove, einem Weiler zehn Kilometer von Veurne, findet man in einem kleinen Bauernhof die Stiftung zu Ehren des Bildhauers Georges Grard.

oder La Panne ist der frankophonste Ort der belgischen Küste, wie die Bezeichnungen *Le nid*, *J'y suis*, *Les Colibris*, *Les roches fleuries* beweisen: Villen im stolzen Farbkleid, Türmchen, Loggias, Balkone und Säulen, wie sie Albert Dumont und seine Freunde liebten. Dieses Viertel der alten Villen versteckt sich in kleinen, blumengeschmückten Straßen hinter der Meeresstraße. Etwas weiter trifft man auf einige Art-déco-Häuser. Wenn auch eine familiäre Klientel die Großen der Welt im *Hotel Mon Bijou* abgelöst hat, so ist die Art-déco-Fassade dennoch intakt geblieben.

De Panne zählt zahlreiche kleine, elegante Bistros. Zwei verdienen besondere Erwähnung: *De Braise*, ein Restaurant in einem kleinen Haus in der Parallelstraße zum Deich, hat das bretonische Rezept für Muscheln nach Duchesse-Anne-Art den regionalen Produkten angepasst. Spezialitäten sind außerdem Aal und Grillplatten. Garant für die Schmackhaftigkeit der frischen Garnelen ist die Geduld der Großmutter, die in einer Ecke des Restaurants sitzt und die Garnelen von Hand schält.

Die rustikale Dekoration der *Hostellerie Le Fox* könnte ein wenig frische Farbe vertragen, doch die außergewöhnliche Qualität ihres Restaurants wurde mit einem Michelin-Stern belohnt und einer Benotung von sechzehn auf zwanzig im *Gault Millau*. Die Gänsestopfleber mit karamelisierten Äpfeln ist immer wieder ein unvergesslicher Genuss. Je nach Saison stehen selbst Hopfensprossen auf der Karte. Dass die Garnelen von Hand geschält werden, versteht sich von selbst.

Viele Restaurants in De Panne benennen ihr Feinschmeckermenü nach dem wackeren Fischer Pier Kloeffe. Ein klassisches Pier-Kloeffe-Menu besteht aus zwei Vorspeisen, einem Hauptgericht, einem Dessert und einer halben Flasche Wein. Was für Augen würde der raue Seebär machen, der sich von Kartoffeln mit Kabeljauköpfen und hin und wieder einer zähen Möwe ernähren musste,

La Caille von Georges Grard in der Scheune des kleinen Hofes, in dem die Stiftung untergebracht ist.

wenn er erfahren würde, dass sein Name für gehobene Gastronomie herhalten muss und sich sein wildes Dorf in eine Urlauberkaserne verwandelt hat?

Dem Hinterland hat die Geschichte ihren Stempel aufgedrückt. Hier, zwischen Koksijde und Veurne entstand die berühmte Dünenabtei der Benediktiner. Die ersten Mönche ließen sich hier 1107 nieder. 1138 passte sich die schon blühende Abtei der Reform von Cîteaux an. Im XIII. Jahrhundert verwaltete sie 10.000 Hektar Land – zumeist mühevoll dem Meer abgerungen. Manche Mönche bewirtschafteten den Boden, andere schrieben Manuskripte ab, einige studierten. Die Abtei besaß eine der schönsten Bibliotheken der Zeit – unter anderem eine mit Miniaturen illuminierte Manuskriptsammlung. Der Untergang nahm mit den Religionskriegen seinen Lauf. Die letzten Mönche suchten auf der Flucht vor den Bilderstürmern Zuflucht in Hof *Ten Bogaerde*, und die Abtei versank im Sand. Heute ist in den Räumlichkeiten des Hofes die Landwirtschaftsschule von Nieuwpoort untergebracht. Und in der Kapelle finden regelmäßig kulturelle Veranstaltungen statt.

Als man 1949 in Koksijde mit den Arbeiten begann, legten die Baggerschaufeln große Ruinen frei. Schon bald konnten sie als Überreste der Dünenabtei identifiziert werden. In nur drei Tagen wurden das Westportal, die beiden Seitenschiffe sowie die 125 Meter lange Mauer der größten Abteikirche des Landes freigelegt. Die Anlage ist heute nach Besucherzahlen das zweitgrößte Museum Belgiens.

In Gijrinkhove, einem Dorf zehn Kilometer von Veurne, nimmt eine Stiftung zu Ehren des Bildhauers Georges Grard einen kleinen Bauernhof mit roten Dachziegeln in Beschlag. Francine Van Mieghem, die Ehefrau des Künstlers, und Franz Trenchant, seine Neffe, ergriffen die Initiative, um das Haus anlässlich des zehnten Todestages des Künstlers zu eröffnen. Original Gips- und Bronzearbeiten und Zeichnungen sind in den langen Räumen ausgestellt, deren Wände das gleiche griechische Blau tragen, dass der Künstler für sein Atelier ausgesucht hatte. Von dem charmanten Restaurant aus blickt man auf ein Kartoffelfeld und einen Skulpturengarten. In einer der Scheunen ist eine Schmiede untergebracht, während den Besucher in einer weiteren Scheune – unter dem ehrwürdigen Dachstuhl – das surrealistische Schauspiel des immensen *"Cul"* (Hintern) von La Caille erwartet.

Im gleichen Dorf kann man in einem zum Restaurant umgebauten Bauernhof, *Bachten de Kupe*, für ein bescheidenes Entgelt ein Menü aus vier Vorspeisen und vier Hauptgerichten bestellen: hauptsächlich Gegrilltes, aber auch Grünen Aal, eine flämische Spezialität, bei der Aal in einer Mischung von mindestens fünf verschiedenen Kräutern köchelt.

Lo, auf einer Düne am Rand der Polder, war im Mittelalter eine kleine blühende Stadt, bekannt für seinen Käse und seine Tuchindustrie. Die Legende erzählt, dass Julius Cäsar bei seinem Eroberungszug gen England sein Pferd an der Eibe des Dorfes festgebunden haben soll.

In unmittelbarer Nachbarschaft zur ehrwürdigen Eibe erwartet die Taverne *Caesarshof* auf Gäste. Ihr Eigentümer, Philippe, ist ein *Bonvivant*. Bei Holzfeuer und zwischen Trödel ist immer für Entspannung und Stimmung gesorgt. In dem großen hinteren Saal stellt Philippe seine eigenen und die Gemälde seiner Freunde aus. Zwischen zwei Pinselstrichen zaubert der Gelegenheitskünstler regionale Spezialitäten auf die Teller: warmen Schinken, Kaninchen mit Trappistenbier oder ein Cassoulet, das hervorragend sein soll.

Jedes Jahr im Juli treffen sich die Mitglieder der Königlichen Akademie für Flämische Sprache und Literatur in *Beauvoorde*, einem herrlichen, von Wasser umgebenen Renaissance-Landsitz, den der Architekt Vinck im XIX. Jahrhundert umbauen und von Merghelynck im Stil der flämischen Neo-Renaissance dekorieren ließ. Im Sommer ist der Landsitz für Besucher geöffnet.

In Izenberge versteckt sich hinter der Kirche Sainte-Mildreda ein kleines ländliches Museum. Neben einigen Geschäften aus vergangenen Zeiten entdeckt man hier einen Frisiersalon, ein Kolonialwarengeschäft und eine Schule, vollgestopft mit extravagantem Trödelkram, sowie eine Backstube, einen Stall und eine Scheune. Auf einem kleinen Platz umringen typische Houtland-Höfe einen Musikpavillon. Bertrand Vanrobaeys betreibt die nette Kneipe *'t Oud Wethuys*, wo regionale Biere angeboten werden oder ein leckeres Bauernbrot, belegt mit Pastete, Schinken oder Käse der Region sowie ein schwerer Meringelteigkuchen gereicht wird. Der Käse von Beauvoorde wird mit der Milch von Polderkühen hergestellt und reift langsam und natürlich.

Zu der Zeit, an die das Museum erinnert, war Torfabbau die einzige Ein-

Der Hof Ten Bogaerde ist der einzige Überlebende der 25 Abteihöfe der Dünendomäne. Die hintere Fassade einer Scheune aus dem 18. Jahrhundert ist einer der wenigen Zeugen vergangenen Glanzes.

nahmequelle des winzigen Dorfes Moëres. Im XVII. Jahrhundert ließ ein einfallsreicher Ingenieur zwanzig Mühlen bauen, um die Schorren der Region zu trocknen. Die letzte verbliebene Mühle, die *Sint-Karelsmolen*, ist mir ihren farbigen segelbespannten Flügeln einen Besuch wert.

Bierliebhaber finden in der alten *De Snoek* in Alveringem ein typisches Beispiel für ländliche industrielle Architektur des XIX. Jahrhunderts. Das örtliche Museum zeigt eine erstaunliche Sammlung von Zubehör aus jener Zeit.

Die ehemalige Festung und Seigneurie der Grafen von Flandern, Veurne, besitzt einen bemerkenswerten Marktplatz, auf dem sich flämischer Stil und spanische Würde harmonisch vermischen. Hier besiegte 1297 Robert d'Artois die mit den Engländern verbündeten Flamen. Unter der Herrschaft der Erzherzöge Albert und Isabella war die Stadt wohlhabend und erwarb zahlreiche Monumente. Vauban entwarf schwere Befestigungen, die 1783 von Kaiser Joseph II. geschleift wurden. Während des Ersten Weltkrieges wurde Veurne mehrfach bombardiert, ohne dass der Marktplatz zu sehr in Mitleidenschaft gezogen wurde. Doch beim Zweiten Weltkrieg wurden Rathaus und Belfried stark beschädigt.

Das restaurierte Rathaus, das zu Beginn des XVII. Jahrhunderts von Liévin Lucas erbaut wurde, ist ein schönes Bauwerk im Stil flämischer Renaissance. Im Inneren befinden sich großen Säle aus dem XVII. und XVIII. Jahrhundert in perfektem Zustand. Einige Paradebeispiele von altem Leder sind hier zu bewundern: Mechelner Leder im Ratssaal, Cordue-Leder im Empfangsraum auf der Etage.

In der Noordstraat Nummer 11 hinter dem Marktplatz befindet sich *Die Nobele Rose*, eine ehemalige Herberge, in der auch Rainer Maria Rilke und Victor Hugo einkehrten. Ganz in der Nähe liegt ein kleiner Park mit einem Musikpavillon zu Ehren des Malers Paul Delvaux. Im Park sind auch zwei Skulpturen ausgestellt, eine Büste von Vanderplancke und eine der schönsten Skulpturen von Georges Grard : *Femme regardant le Soleil*. Paul Delvaux hat eine Zeitlang in einem Haus mit Blick auf den Park gewohnt und sich jeden Morgen am den Anblick der Arbeit seines Freundes Grard erfreut.

Der Überlieferung nach soll die Kirche Saint-Walburge im IX. Jahrhundert von Balduin gegründet worden sein, dem ersten Grafen von Flandern. Mehrfach wieder aufgebaut, wurde sie in ihrer aktuellen Form im XIV. Jahrhundert fertig gestellt und seitdem mehrfach restauriert. Die Prozession der Büßer, mit der alljährlich an den Leidensweg Christi erinnert wird, reicht zurück in die Zeit, als spanische Garnisonen in Veurne einquartiert waren. An der Spitze des Zuges der eingehüllten Büßer begleiten Juden, Römer und Apostel den Christ auf seinem Leidensweg.

Zu den regionalen kulinarischen Spezialitäten gehört der nach altem Rezept luftgetrocknete Schinken von Veurne, den man in der Metzgerei *'t Ardenneesje* findet und das *Potjesvlees*. Die Chefin des *Excelsior*, Cécile Donck-Vermeulen, bereitet dieses Gericht aus Kaninchen, Hähnchen und Kalbsfleisch zu, das sechs Stunden lang in Weißwein und Kräutern gekocht wird.

Freunde des Bäckerhandwerks sollten unbedingt einen Abstecher ins Musée de la Boulangerie machen. In dem ehemaligen Bauernhof aus dem XVIII. Jahrhundert ist auch das Material ausgestellt, mit dem ehemals Kuchen, Eis und Bonbons hergestellt wurden.

Le Loft bei den alten Befestigungsanlagen, ist für diese traditionsbewusste Stadt ein überraschend modernes Hotel, das in einer alten Schmiede ein Restaurant mit

Flämische Renaissance umgibt das Rathaus auf dem Marktplatz von Veurne. Das elegante Gebäude wurde zwischen 1596 und 1613 von Liévin Lucas erbaut.

industriellem Dekor eröffnet hat, in dem man eine Kleinigkeit oder Waffeln und Pfannkuchen essen kann. Die acht Fremdenzimmer sind in zwei Nebengebäuden untergebracht.

Das verträumte, mittelalterliche Veurne, in dem sich religiöse Vergangenheit und moderne Lebenskunst begegnen, hat die Vergangenheit geduldig an sich vorbeiziehen lassen. Mal glorreich, mal in Trümmern liegend, mal belebt, mal von der Außenwelt vergessen, so geht das Leben unbeeindruckt von den Launen des Schicksals hier seinen Gang. Veurne, eine kleine, zufriedene Stadt.

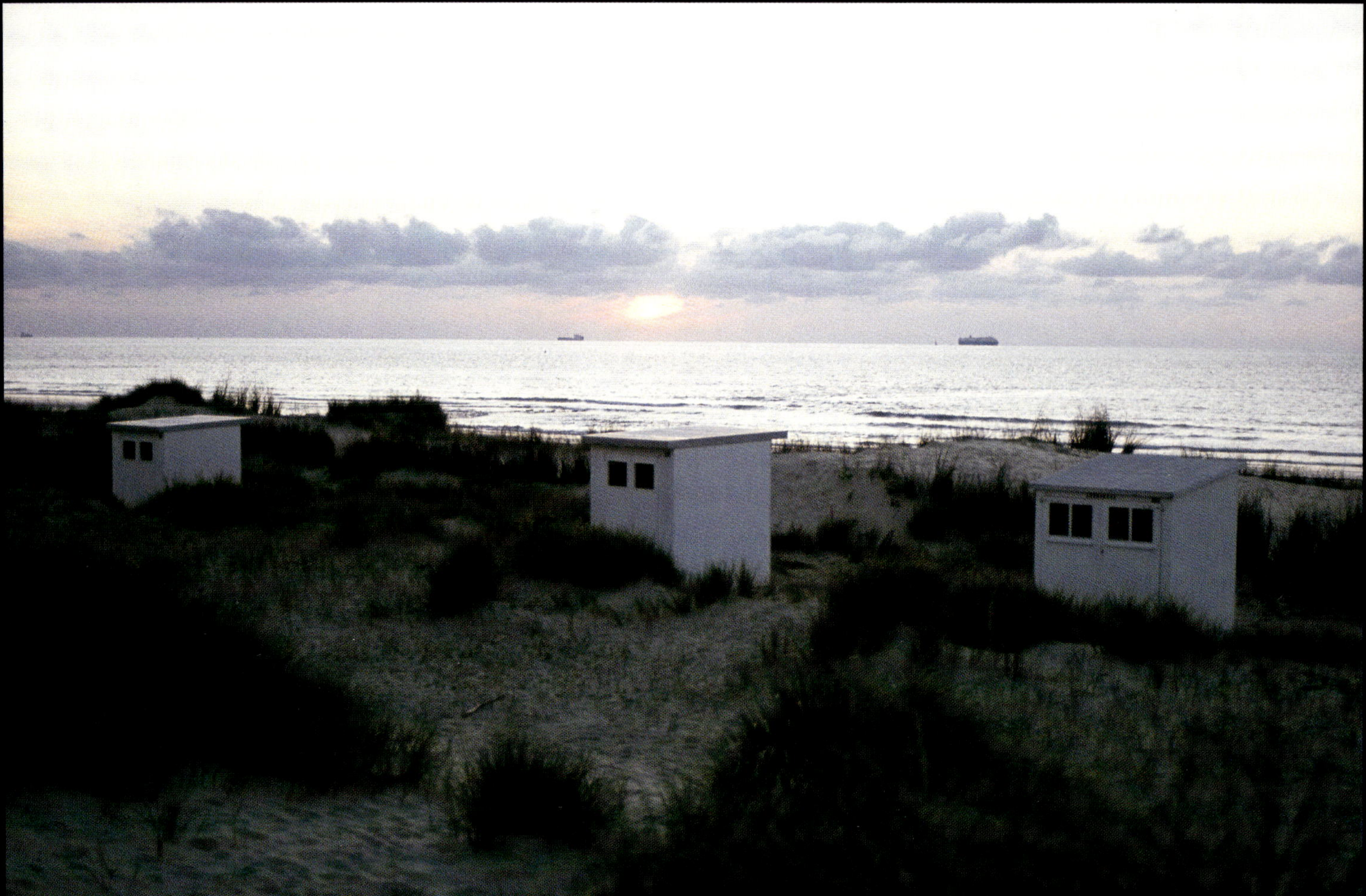

Bredene, östlich von Ostende gelegen, entwickelte sich gleich nach dem Krieg zur Camping-Hauptstadt der Küstenregion. So blieb der Ort von hässlichen Betonbauten verschont. Vom Strand aus blickt man ausschließlich auf Dünen, kein Deich schränkt ihre Entfaltung ein. Wer dieses Panorama richtig genießen möchte, sollte die Spitze des Wasserschlosses besteigen, wo eine ständige Ausstellung der Geschichte der Wasserstromtechnik gewidmet ist. Die hoch aufragenden Silhouetten der Wasserschlösser, Schmuckstücke der Küste, erinnern an längst vergangene Zeiten.

De Haan verdankt seinen Namen einer Legende: Während eines nächtlichen Sturms kenterte hier ein Schiff. Dichter Nebel machte die Suche unmöglich. Die Schreie eines *Hahns* auf dem Schiff leiteten die Fischer, die Mannschaft konnte gerettet werden. Gleich bei der Ankunft fällt ein Straßenbahnhäuschen im Jugendstil auf. Auf der einen Seite steht in Kalligraphie geschrieben Le Coq, auf der anderen De Haan.

Vor Zeiten war dieser Weiler, der sich um eine Windmühle schmiegte, nur eine Dependance von Klemskerke. Drei Männer gründeten das Seebad: Édouard Colinet, Albert Passenbronder und Adolph Popp, der kurz darauf starb. 1880 erteilte der Staat den beiden verbliebenen Freunden eine Konzession, verbunden mit dem formellen Auftrag, die Architektur der beiden französischen Städte Bordeaux und Arcachon als Modell zu übernehmen. De Haan sollte die überfüllten Städte Ostende und Blankenberge entlasten. 1888 wurde das erste Hotel des Seebades eröffnet, das *Hôtel du Coq*. Mit seinen Mauern aus Pitchpine und dem um einen Innenhof angelegten Zimmer erinnerte es an eine russische Isba. Neben dem Bahnhof der Straßenbahn taucht das exotisch anmutende Casino auf, das von De Cuyper gezeichnet wurde.

Colinet und Passenbronder erhielten vom Staat gegen Bezahlung die Nutznießung der 49 Hektar großen Ländereien für neunzig Jahre übertragen. Ihren Verkaufsversuchen war kein großer Erfolg beschieden. Sechs Monate nach der Vereinbarung starb Colinet, und Passenbronder durfte sich mit endlosen Erbschaftsproblemen auseinandersetzen.

Nach zahlreichen Wendungen nahm sich der Bürgermeister von Gistel der Geschicke an und gründete 1896 die *Société anonyme du Coq-sur-Mer*. Sogleich begannen die Bauarbeiten. Die Behörden untersagten jede Veränderung des Reliefs der Dünen. Die Häuser mussten folglich der Topographie angepasst werden und verstreuten sich zwischen den Dünen. Der Deich ist hier auch nicht breiter als vier Meter.

Absolut sehenswert ist die Villa *Le Goëland* aus den dreißiger Jahren, ein Werk des Architekten Jules Lippens. Stolz blickt von ihrer Mauer eine Frauenskulptur aufs Meer. Die Höhe aller Bauwerke wurde auf drei Etagen beschränkt, und so ist De Haan heute noch das einzige Seebad, das nicht von Betonklötzen verunstaltet ist. Jahrzehnte lang war De Haan nie das Ziel von Spekulanten. Das Gelände gehörte dem Staat, der nur Erbpachtverträge zuließ, so dass die Mieter nach 99 Jahren das Gelände wieder abtreten mussten. Erst in den siebziger Jahren verkaufte der belgische Staat die Baugrundstücke und die Mieter konnten ihre Häuser erwerben. Als Kehrseite der Medaille hielt gleichzeitig die Immobilienspekulation Einzug.

Die Jugendlichen ziehen diesem Seebad mit familiärem Charakter oftmals Le zoute vor, doch spätestens, wenn sie selbst Kinder haben, sieht man sie wieder in De Haan, wo immer noch japanische Kirschbäume die schmalen kurvigen Straßen säumen. Typisch für den Ort sind auch Villen im Cottage-Stil mit großen Ziegeldächern und von breiten dunklen Holztraversen geteilten Fassaden. Sie tragen süße Namen wie *Chantecler, Cocorico* und *Chante le Coq*. Seltsamerweise findet man die stolzesten Bauten entlang der Straßenbahnlinie. Der Golfplatz von De Haan ist der älteste der Küste. Ursprünglich trafen hier die Mitglieder des Ravenstein von Tervueren, die ihrem Sport auch an der Nordseeküste frönen wollten.

In De Haan ist es üblich, dass man ein Ferienhaus oder Gästezimmer mietet. Die Eider-Gruppe vermietet typische Häuser aus der Zeit zwischen 1930 und 1950.

Solange Mertens vermietet Zimmer in zwei Häusern aus der gleichen Zeit.

De Haan ist das am besten erhaltene Seebad an der belgischen Küste. Die Villen schmiegen sich ein in die Topografie und werden nie höher als drei Etagen gebaut. Mit seinem ausgeklügelten Erbpachtsystem ist De Haan ein nachahmenswertes Beispiel für einen Städtebau im Einklang mit der Landschaft.

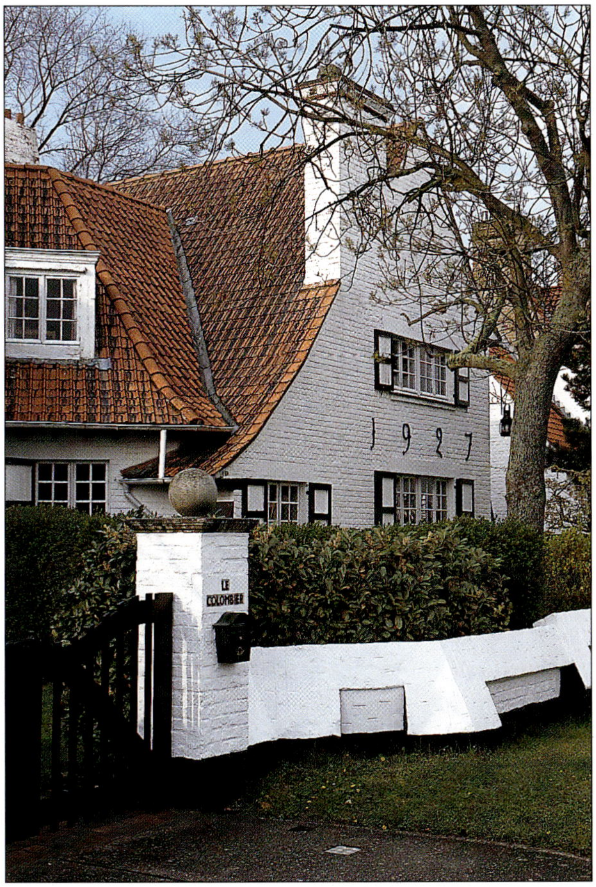
1927
LE COLOMBIER

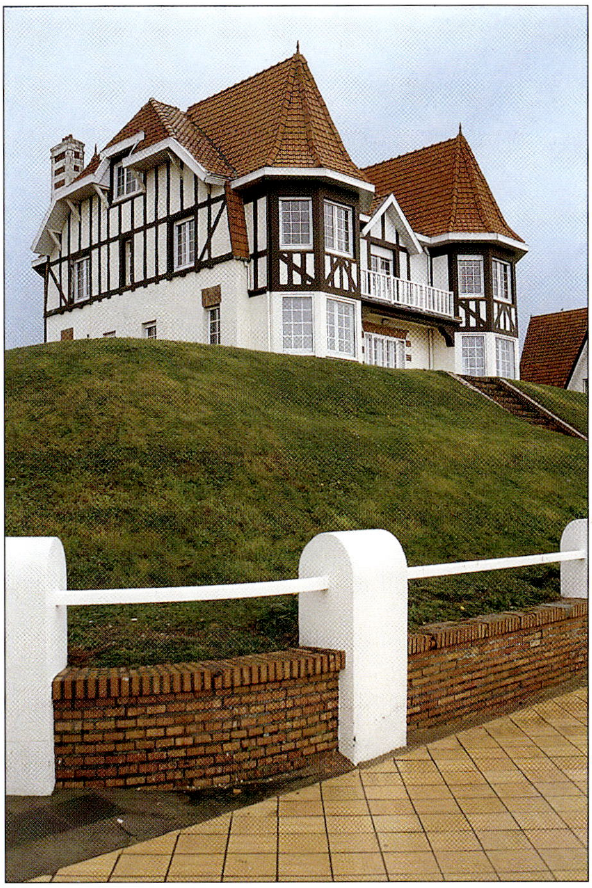

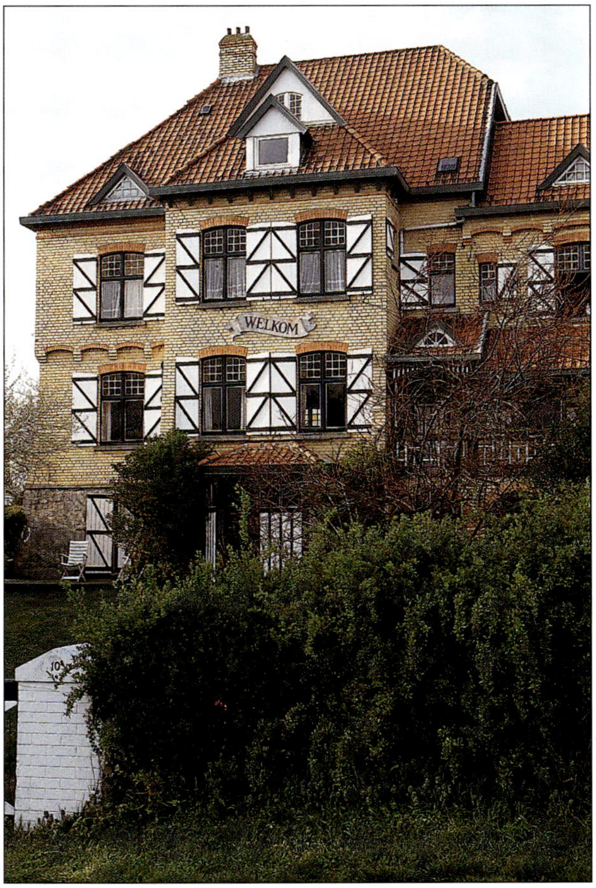
WELKOM

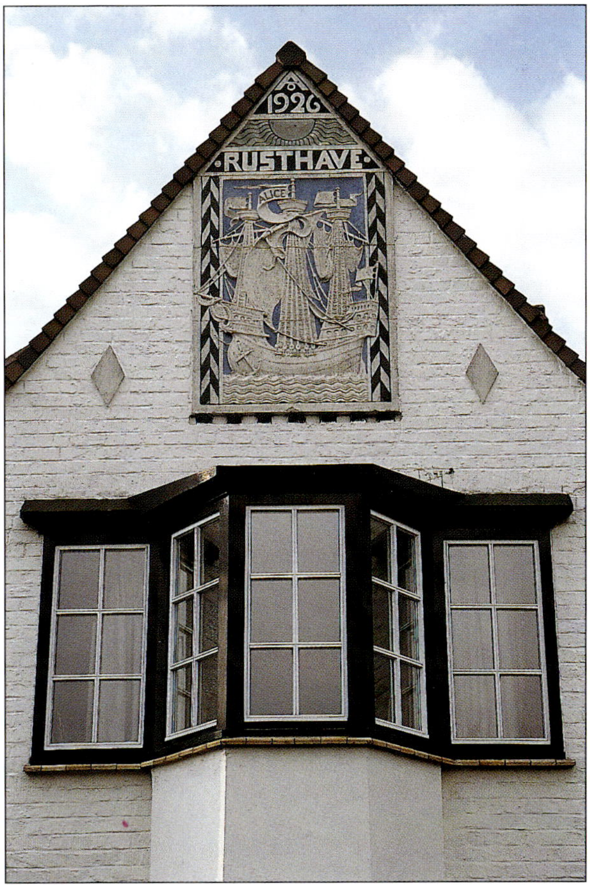
1926
RUSTHAVE

Das Restaurant t'Zuid ist in einer bemerkenswerten Jugendstilvilla eingerichtet, die mit viel Liebe von seinen neuen Besitzern vor dem Abriss gerettet und restauriert wurde.

Ein riesiger venezianischer Kronleuchter sorgt ebenso wie Kerzenlicht für eine romantische Atmosphäre zwischen indischen Tischen und anderen Perlen, die von den Inhabern auf Flohmärkten aufgespürt wurden.

L'Aurore, eine ehemalige königliche Residenz, hätte ein wenig frische Farbe verdient. Dafür erstrahlt *Mont Bré* in knalligen, trendigen Farben, für die Armand Jonckers verantwortlich ist.

Das kitschigste Hotel liegt entlang der Dünen: *Het Galjoen.* Man munkelt, hier sei einst ein Freudenhaus untergebracht gewesen. Doch die Gäste schwören auf die vier Zimmer mit dem ein wenig verstaubten Belle-Epoque-Dekor.

In einer weißen Villa auf einem kleinen Hügel befindet sich eines der nettesten Hotels der Küste: das *Hotel Carpe Diem.* Die sechzehn Zimmer atmen den Geist von Ralph Lauren. Im Sommer speist man am Pool, im Winter wärmt man sich am knisternden Kaminfeuer.

Sein Restaurant *Le Manoir* genießt einen guten Ruf. Zu den Spezialitäten gehören Hummer und Langustenpfännchen, Seezunge an Chicoree, Steinbutt mit Mechelner Spargel. Reservieren sollte man unbedingt einige Zeit im voraus. Die Chefin gleicht der Schauspielerin Sabine Azéma. Doch sie hat ihr Double noch nie auf der Leinwand gesehen.

Wer das bemerkenswerte Restaurant *'t Zuid* besuchen möchte, mußte die Straßenbahn überqueren. Diese herrliche Villa sollte abgerissen werden. Als die Inhaber des Lampengeschäftes *Courant* in Brüssel davon erfuhren, haben sie das Haus gekauft und in ein Café-Restaurant verwandelt. Die erste Etage präsentiert sich als Mezzanin, von dem ein riesiger venezianischer Kronleuchter herunter hängt. Die Ausstattung besteht aus Fundsachen von diversen Flohmärkten, man speist an indischen Tischen zu New Age-Musik, im Sommer auch im Garten. Zu den Spezialitäten gehören überbackene Zwiebelsuppe, Jacobsmuscheln und Quiches. Die Küche ist leider nicht beständig. Bedauerlich, dass man nicht mit den Augen speisen kann …

Ein 157 Hektar großes Gelände trennt De Haan von Wenduine. Dieses ehemals ruhige Seebad wurde in vergangenen Zeiten abwechselnd von Überschwemmungen und von Plünderungen heimgesucht. Die ersten Gäste, lange bevor Hotels und Villen erbaut wurden, waren Künstler und Intellektuelle. Emile Verhaeren gehörte ebenso wie der Maler Valérius de Sadeleer oder der Architekt Victor Horta zu den Stammgästen. Zur Zeit der Belle Époque wurden die Straßen nach einem Plan des Architekten der Censerie angelegt und Wälder angepflanzt, die bis zu den Dünen reichten. Heute sucht man in Wenduine vergeblich nach Grünflächen.

Trotzdem gibt es ein paar Oasen in dieser ökologischen Wüste. Das Restaurant *Four et Fourchette* ist mit Sicherheit die exklusivste Adresse an der Küste. Von außen läßt nichts auf die innere Pracht schließen. Koen Mahieu waltet seines Amtes zwischen sieben Tischen, die auf marokkanischen Terracottafliesen stehen, erleuchtet von Lampen aus den Dreißigern und von Kerzen. Ehemaliges Hotelgeschirr umgibt die Teller. Koen Mahieu, der alles selbst macht, bereitet herrliche Gerichte auf seinem Aga-Herd zu. Auf dem Speiseplan stehen zwei Vor- und zwei Hauptspeisen, ein Fisch- und ein Fleischgericht. Die Spezialitäten variieren je nach Marktangebot. Angesichts der Enge des Lokals ist Reservierung Pflicht.

Brauchtum hat immer noch seinen Platz in Wenduine. Am Pfingstmontag wird das Meer gesegnet. Am letzten Juliwochenende findet das Fest der Riesen statt. Und zwischen Sankt Nikolaus und dem Jahresende werden *Vollaards* gebacken, Kuchen, die sich einstmals mit Tonfiguren schmückten, die *Patacon* genannt wurden.

Davon unbeeindruckt verläuft die Route Royale zu einem weiteren Gebäudekomplex. An dieser Straße zwischen Wenduine und Blankenberge hat sich der Maler Jef Van Tuenhout in einem ehemals von Nonnen bewohnten Haus niedergelassen. Der Flamenco-Freund ist zwölf Jahre lang Zigeunern gefolgt, die seine Malkunst inspirierten. Heute malt und bildhauert er in einem Atelier, das eine Sammlung afrikanischer Fetische schmückt. In seinem Garten scheinen die drei Schafe des Bildhauers Lalanne die buntgemusterten Fische zu beobachten, die in einem Teich schwimmen.

Am Fuß eines hohen Deiches erstreckt sich ein drei Kilometer langer Strand, der im Sommer menschenüberlaufen ist. Blankenberge ist zum Symbol für Familienurlaub geworden. Doch hinter

Blankenberge besitzt zwei 500 m lange Wehre, auf denen Spaziergänger sich ebenso gerne aufhalten wie die Fischer.

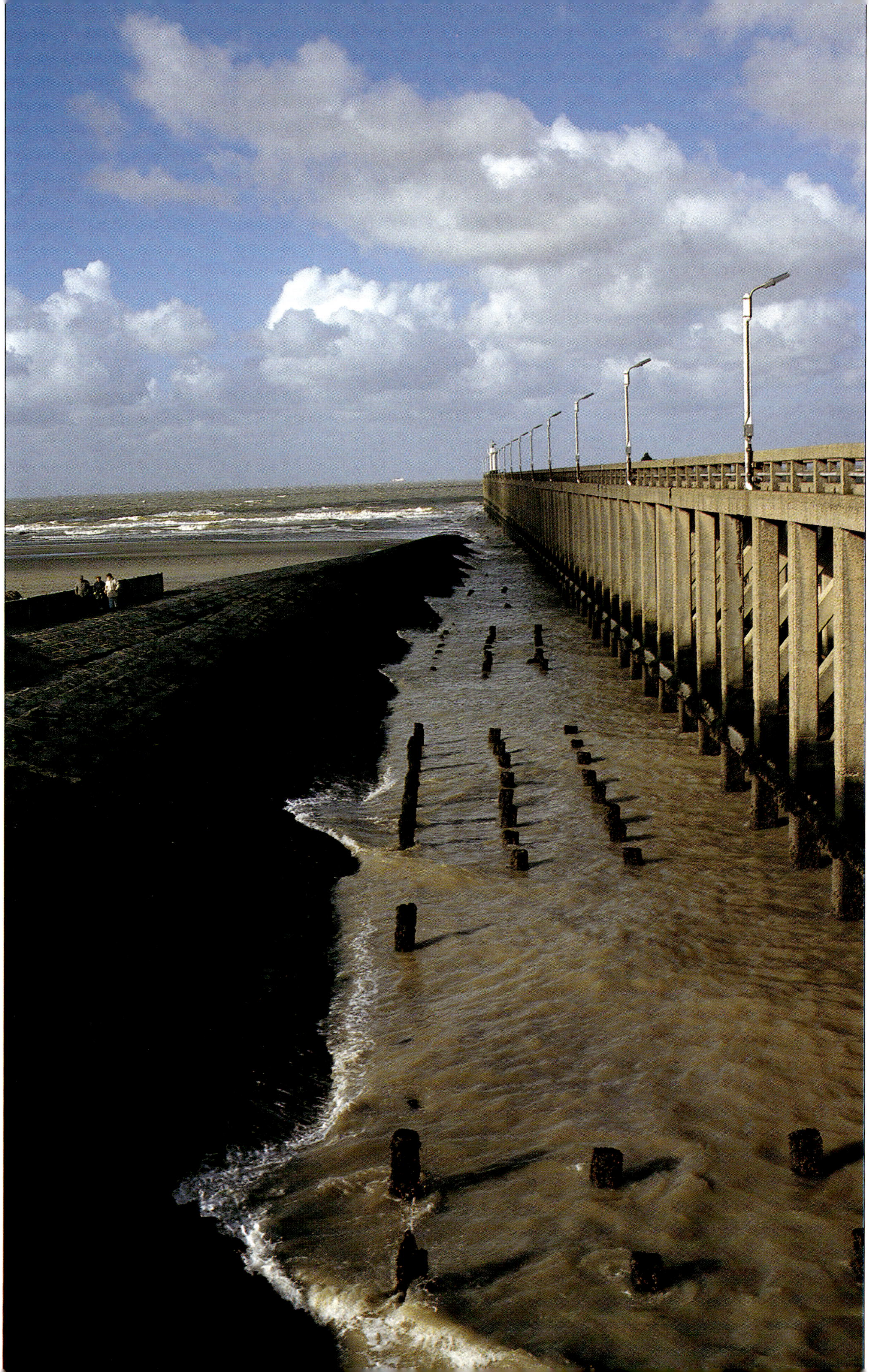

Trotz des Baus zahlreicher Wellenbrecher sind die heftigen Gezeiten eine Gefahr für manche Strände der belgischen Küste, die regelmäßig mit neuem Sand versorgt werden müssen.

dieser Fassade verstecken sich einige Juwelen. Blankenberge kann auf eine lange Seefahrertradition zurückblicken. Schon im Mittelalter lebte der Hafen ausschließlich von der Fischerei. Der Fisch von Blankenberge soll der beste gewesen sein, und die Fänge waren weitaus ertragreicher als in Ostende und Nieuwpoort.

Im XVIII. Jahrhundert unterhielten die Fischer besonders gute Beziehungen zur Kaiserin Maria Theresia, die ihnen über eine Charte außergewöhnliche Freiheiten gewährte. Während der französischen Besatzung war die Fischerei verboten. Für die Fischer, die sich beharrlich weigerten, die von den Besatzern angebotenen Stellen von Steuermännern oder Ruderern anzunehmen, waren es harte Zeiten.

1749 wurde anlässlich des Besuchs von Karl von Lothringen ein riesiges Fest organisiert, das eine noble Gesellschaft in den flämischen Hafen brachte. Dies war der Beginn einer neuen Epoche, mit der Badewagen und Badegäste Einzug hielten. Die erste Regelung des Badens im Meer geht auf das Jahr 1804 zurück.

Während des gesamten Premier Empire waren die Fischer von Blankenberge Napoleons Hoflieferanten. Der Kaiser hatte ihnen dieses Recht eingeräumt, nachdem er eines Tages die Küste in Begleitung des Bürgermeisters besucht und dieser ihn aus einer misslichen Lage gerettet hatte. Zu dieser Zeit kamen die Besucher mir der Kutsche aus Brügge und trafen sich in der einzigen Hafengaststätte.

Gegen Ende des XIX. Jahrhunderts wurde Ostende an das Eisenbahnnetz angeschlossen und zum bevorzugten Badeort des Schahs von Persien, des deutschen Kaisers, der Königin von Sachsen und des künftigen belgischen Königs Albert. Blankenberge sollte zu schnell wachsen. Große Hotels entstanden am Deich, das Straßennetz wurde ausgebaut, um 1910 war Blankenberge die Zwillingsschwester von Ostende und zog dieselben hochgestellten Gäste an. Die Fischer blieben außen vor. Trotz des Hafens, den man 1865 für sie bauen ließ, machten viele von ihnen weiter am Strand auf dem Sand fest. 1890 entstand der erste Pier, ein typisches britisches Konzept, das es Besuchern erlauben soll, gleichzeitig das Panorama und die Meeresbrise zu genießen. Die Hellemans-Gruppe erhielt 1889 den Auftrag, und kaum ein Jahr später stand die Stahlkonstruktion. Der mittlere Teil erhielt eine Windschutzmauer. Am Ende des Piers entstand auf einer achteckigen Plattform ein Jugendstilpavillon aus Glas und Metall. Dieser Hafendamm wurde als Meisterwerk metallurgischer Kunst bejubelt, und die Besucher zahlten für einen Spaziergang auf der von zahlreichen Boutiquen und Kiosken gesäumten Promenade. 1914 brach auf dem Pier ein Feuer aus, nur ein verkohltes Skelett blieb übrig.

Nach dem Krieg gelang es Blankenberge nicht mehr, sich zum elitären Badeort aufzuschwingen. Man musste sich mit Laufkundschaft begnügen. Ein neuer Holzpier wurde 1933 gebaut. Auch wenn das Gebäude am Ende des Piers heute ziemlich verlassen aussieht, beherbergt es immer noch einen Tee-Salon und ein Aquarama.

Kurz nach Ende des Zweiten Weltkrieges eroberten Hochhäuser das Gelände. Blankenberge ist heute der Ort mit den meisten Übernachtungen an der Küste. In der Rue Breydel erinnert ein letztes kleines Fischerhaus an die tapferen Männer, die einst das Dorf gründeten.

Der Windschutz, der seine luftige Holzstruktur gegenüber vom Yachthafen ausstreckt, wurde glücklicherweise unter Denkmalschutz gestellt. Sein neugotisches Dach ist mit flachen Schiefern mit Blatt- und Muschelmotiven bedeckt. In Heist stand bis 1950 ein gleicher Bau. Dann wurde dieses Kunstwerk abgerissen.

1955 öffnete der Fischerhafen seine Reeden und machte Platz für 800 Freizeitjachten. Ein riesiger Erfolg. Die Hafeneinfahrt ist von zwei Wehren gesäumt und der Hafen zu jeder Jahreszeit überfüllt.

Wer das Ungewöhnliche sucht, wird in der Brasserie *Oosterstaketsel* am Ende des Hafenwehrs fündig. Leicht abgewetzte Skaisessel sind um ein großes Holzfeuer in der Mitte des Restaurants gruppiert. Ein Modell der Flandria, ein paar Ventilatoren und zwei Porträts von Vorfahren bilden den Dekor. Man serviert Fritten, Kroketten und einige Gerichte. Stammgäste sind die Angler, die sich hier nach einem Tag am Wellenbrecher aufwärmen. Im Sommer kann man draußen in der Sonne auf dem Holzboden frühstücken.

Hinter dem Hafen treffen sich Fischer und Yuppies im *Oesterput Devriendt* zum Essen an langen Holztischen bei den Austern- – Felsenaustern, flache Zeeland-Austern oder fines de claires (im Sommer) – und Hummerbehältern. Diese werden vor den Augen der Gäste gefischt, bevor sie im Sud landen.

Den Deich von Blankenberge erreicht man über die Rampen, die den Deich mit der Stadt verbinden, oder über eine der drei neo-klassizistischen Steintreppen, die unter Denkmalschutz stehen. Auch hier war das Casino Zentrum des mondänen Lebens. Wie in Ostende gab es nacheinander drei Gebäude, erbaut 1859, 1886 und schließlich 1933. Das letzte Gebäude war ein Entwurf des Antwerpener Architekten Léon Stynen in Zusammenarbeit mit zwei lokalen Kollegen, Van Sluys und Speybrouck. Der Art-déco-Stil im Inneren mit Emaille, Spiegeln, Kronleuchtern und Applikationen blieb erhalten. In dem riesigen Konzertsaal erinnern drei große Fresken von Albert Saverijs an die berühmte Scheldeschlacht gegenüber vom Zwin am Tag des heiligen Johannes im Jahr 1340.

Einsam ragt der Leuchtturm von Blankenberge in den Horizont und erinnert an die Romantik zu nächtlicher Stunde heimkehrender Seefahrer.

Bei dieser denkwürdigen Schlacht traf die englische Flotte mit ihren erfahrenen Admirälen auf die französische Flotte, deren Admiräle fast nie von Land gegangen waren. Der König von England, Eduard III., war sich seines Erfolges so sicher, dass er das Schiff mit den Ehrendamen nach vorne beordert hatte, damit die Damen den Sieg in vorderster Front miterleben können sollten. Die französischen Admiräle hatten die 194 Schiffe ihrer Flotte zur großen Überraschung der eigenen Männer in drei Linien auflaufen lassen. Doch vor allem hatten sie vier Schiffe mit einer neuen, bis dato unbekannten Waffe ausrüsten lassen, der Kanone. Dieses mysteriöse kugelspeiende Geschütz brachte den Engländern schwere Verluste bei, das Schiff mit den Ehrendamen versank mit Mann und Maus. Doch im weiteren Verlauf der Schlacht wendete sich das Blatt wie erwartet zu Gunsten der Engländer. Der Preis für den Sieg war hoch. Seitdem haben viel Schatzsucher vergeblich nach den Juwelen der Königin gesucht, die auf demselben Schiff wie ihr Gefolge vermutet worden waren.

Deichspaziergänger suchen nach weiteren Zeugnissen der Blütezeit Blankenberges. Doch außer einem Prachtbau des Architekten De Saulnier aus den Dreißigerjahren gegenüber vom Pier erinnert nichts an diese Zeit.

Leopold II., der visionäre König, beschloss, den Schiffen wieder den Weg nach Brügge zu öffnen. 1890 wurde das

Projekt verabschiedet. Ein elf Kilometer langer, hundert Meter breiter und acht Meter tiefer Kanal sollte gegraben werden. 1905 war die *Cap Horn* das erste Schiff, das den später Baudouin-Kanal getauften Wasserweg befuhr. Der Hafen von Zeebrügge trieb eine 2,5 km lange Mole ins Meer, die den Namen des großen Königs trägt. Dem Hafen wäre sicher eine große Zukunft beschieden gewesen, hätten ihn nicht zwei Weltkriege blockiert und beschädigt. Trotz des ersten Einsatzes von Ferry-boats nach England im Jahr 1924 musste Zeebrügge bis in die fünfziger Jahre auf den erhofften Aufschwung warten. Zu Zeebrügge gehört ein Landehafen für die Fähren auf dem Weg nach England, ein Freizeithafen, ein Fischerhafen und eine Fischhalle, in der jeden Morgen Fisch verkauft wird. Es ist der größte von drei Versteigerungsmärkten an der Küste.

Kürzlich durchgeführte große Arbeiten haben aus dem ursprünglichen Methanhafen auch einen auf das Laden und Löschen von Containerschiffen spezialisierten Hafen gemacht. Diese Operation trägt ihre Früchte, doch die alten Seefahrertraditionen sind dahin. Das Leben an der Hafenausfahrt mit Bistros, *Shiphandlers* und Stammgästen ist erloschen. Ein Teil des Strandes ist einfach verschwunden. Viele Sommerfrischler sind nach Nieuwpoort oder Blankenberge ausgewichen.

In der Nähe des Fischerhafens haben sich einige gute Restaurants angesiedelt. Im *Clubhouse Alberta*, dem Restaurant des *Royal Belgian Sailing Club*, sind auch Gäste willkommen, die keine Jacht besitzen. Schiffsmodelle, blauweiße Vorhänge mit Ankermotiven, alte Fotos …, auf einer schwarzen Tafel werden die Tagesgerichte dieses hübschen kleinen Restaurants angekündigt: Kabeljau à la Royale, Seezunge, Garnelensalat oder Langustinensuppe. Das *Chalut* empfiehlt in zweckmäßigem Rahmen seine saisonorientierte Karte und bietet einen Traiteur-Dienst.

Die *Vismijn* ist die Straße der Fischgeschäfte, in der man alle Variationen von frischem Fischen und Krustentieren findet, zu absolut konkurrenzlosen Preisen. Das *Fishbone* in einer großen Lagerhalle ist in Zeebrügge für Fischfreunde das Pendant dessen, was in Damme das *Siphon* für Fleischesser ist: ein Gourmettempel für Austern- und Hummerfreunde oder Liebhaber von Meeresfrüchteplatten. Das mit riesigen Fischen und einer Reihe von Uhren, die die Zeit auf allen Kontinenten anzeigen, dekorierte Restaurant ist ständig überlaufen. An den Mauern befinden sich Fresken des

Zeebrügge: Die Jachthafen an der Küste sind immer noch ein beliebter Treffpunkt für Sportler.

Malers Ignace Van Isaker aus Knokke. Spezialitäten des Hauses sind: Grüner Aal nach Dammer Art, Zeebrügger Fischsuppe und Fishbone Royal, ein Gericht aus Venusmuscheln, Schlickrutschern, Strandschnecken, Hummern und Krabben. An der Straße nach Brügge liegt in einem hübschen kleinen Hof das *Molentje*. Danny und Linda Horseele haben sich den Michelin-Stern mit ihrer feinen Küche redlich verdient. Ihre Spezialität sind Jakobsmuscheln mit orientalischen Gewürzen und gedünstetem Lauch. Abseits aller Nostalgie fasziniert Zeebrügge auch heute noch mit Gegensätzen: ein traditionelles Bistro in direkter Nachbarschaft zu einer kolossalen Zugbrücke, ein kleines Segelschiff kreuzt ein gigantisches Containerschiff, ein Fischer sortiert gegenüber von den größten europäischen Kränen seinen Fang in einem Weidenkorb.

Gegen Ende des XIX. Jahrhunderts war Heist ein Refugium für alle Liebhaber des Meeres, die vor dem lebhaften Strandleben in Orten wie Ostende flüchten wollten. Zahlreicher wurden die Gäste 1865, als erstmals Züge nach Heist fuhren. Die Gemeindeverwaltung leitete sogleich alles in die Wege, damit Heist zum drittgrößten Seebad der Küste werden konnte.

1910 tauchten die Kabinen am Strand auf. Einer der Konzessionäre, M. Babelutte, war der Meinung, dass die Saisonarbeit ihm nicht genug zum Leben einbrachte und begann, am Strand „Berliner" zu verkaufen, die ab 1918 hier *Boules de l'Yser* genannt wurden. Während dieser Zeit erfand Madame Babelutte aus einer Mischung von Butter, Zucker und Wasser das Rezept für ein leckeres Bonbon, das ganz Belgien erobern sollte. Doch nicht nur die Berliner wurden nach dem Krieg umgetauft. In Duinbergen hieß die Rue Allemand nun „rue des Patriotes" (Straße der Patrioten).

Heist darf sich rühmen, seinen Gästen eines der besten Hotels an der Küste bieten zu können. Das *Bristol* auf dem Deich wurde 1927 erbaut und 1991 von Obumex völlig umgestaltet. Die Zimmer sind hell und komfortabel. Liliane Delacourt empfängt ihre Gäste mit viel Charme, und Sohn Christian verdiente sich seine ersten Lorbeeren in Courchevel und Saint-Tropez. Seine Küche ist fantasiereich und gleichzeitig klassisch. Auf der Karte findet man neben den unvermeidlichen Austern und Garnelenkroketten auch exotischere Gerichte wie Seezungenfilets mit Äpfeln, Mango und Orangen.

Das *Batholomeus*, ein wenig weiter auf dem Deich, ist in aller Munde. Der Rahmen ist zwar reichlich banal, bietet aber Meeresblick. Die sympathischen Eigentümer, Sandra Vandegeuchte und Bart Desmidt, warten mit kreativen Gerichten auf, die nicht zuletzt durch die unglaubliche Frische der verwendeten Zutaten bestechen.

Duinbergen ist das aristokratische Viertel von Heist. Die Karriere dieses Seebades mit Familiencharakter begann 1901 mit der Verlängerung des Heister Deiches. Die Villen präsentieren sich entweder im Stil der Belle Époque und sind in diesem Fall mit Erkertürmchen verziert – oder im Brügger Stil, auf den elegante Giebel verweisen. Das soziale Leben spielte sich lange in den Gebäuden neben den Tennisplätzen ab, die seltsamerweise „*petit casino*" genannt wurden und an deren Stelle heute Häuser stehen.

Fangfrischer Fisch steht im Fishbone in Zeebrügge auf der Speisekarte.

Verglichen mit Le zoute ist Duinbergen auch heute noch eine angenehm ruhige Sommerfrische. Die Jugend trifft sich im *Cap Horn* an der Ecke, wo sich Deiches und Willems-Park begegnen.

Wie das Dorf Saint-Raphaël in Südfrankreich wurde Knokke von Künstlern entdeckt, die hier, begeistert vom Licht und von der Wildnis, Inspiration suchten. 1883, als das Dorf nur 900 Einwohner zählte, hatte Théo Van Rijsselberghe sich bereits zu Paul Parmentier gesellt. Dann kamen Louis Artan, ein mit Baudelaire befreundeter Maler von Marinemotiven, Félicien Rops, Alfred Claessens und einige andere. Angeführt wurden sie von dem Maler Alfred Verwée. Sie trafen sich mit Vorliebe in einem baufälligen Häuschen auf einer Düne. Diese karge Bleibe entwickelte sich Jahre später zu einem bescheidenen Hotel. Auf der Fassade stand der sibyllinische Satz zu lesen: *„Pension de famille, maison tranquille jusqu'à* *dix heures du soir"* (Familienpension, ruhiges Haus bis zehn Uhr abends). 1888 ließ Verwée seine erste Villa in Knokke bauen, getauft auf den Namen *Fleurs des Dunes*. Hier lebte er mit Frau und Kindern bis zu seinem Tod 1895.

Zu dieser Zeit war Le Zoute nur ein armseliger Weiler mit einigen Höfen in einer Dünensenke zwischen dem Dorf Knokke und dem Meer, östlich der Straße zum Leuchtturm. Kühe zogen am Strand entlang. Die Einwohner von Le Zoute und Knokke rivalisierten, und jeden Sonntag gab es beim Kirchgang Auseinandersetzungen zwischen den Jugendlichen. Dennoch war das Schikksal von Le Zoute – vergleichbar mit Albert-Plage – immer unauflösbar mit Knokke verbunden.

Als Schöffe von Knokke gründete Paul Parmetier die Gesellschaft *Knokke-Attraction*. Der erste Deich am Meeresufer wurde gebaut – nach einem endlosen Kampf gegen die Gewalt der Gezeiten. Dank der beiden Wellenbrecher am Wattenmeer und an der Mole von Zeebrügge gab das Meer schließlich einen stabilen Strand für die Badehungrigen frei.

Nicht nur belgische Künstler verliebten sich in Knokke. Auch Deutsche – wie der Karikaturist Hermann Schlittgen – und Engländer, die den *Salisbury Club* gründeten. Camille Lemonnier traf sich hier mit Edmond Picard oder Henri Pirenne.

Emile Verhaeren kam im Sommer 1894 nach Knokke. Er folgte seinem alten Freund Théo Van Rijsselberghe, der sich das *Duivekot*, ein Fischerhaus, hergerichtet hatte. Verhaeren war in den folgenden zehn Jahren häufiger Gast, lief barfuß durch den Zwinsand und ließ sich zu wunderschönen Gedichten inspirieren. Wie sein Freund Georges Rodenbach verdiente er sich ein Zubrot als Journalist. Sein Meisterwerk *Bruges-la-Morte* hatte Rondebach in Paris geschrieben, doch in Knokke schrieb er *Le Carillonneur de Bruges* (Der Glockenspieler von Brügge) zu Ende. Louis Artan, Spezialist für Marinemotive, hatte einen kleinen Pavillon in Heist erworben und traf sich häufig mit Verhaeren und Rodenbach, der seinerseits den französischen Schriftsteller Paul Fort und den Maler Pisarro nach Knokke brachte.

Der Großteil der Ländereien gehörte der Familie Lippens. Die Cousins Raymond und Maurice Lippens gründeten die Immobiliengesellschaft Le Zoute und engagierten den österreichischen Städtebauer Joseph Stübben, um aus diesem Küstenstrich einen Luxuskomplex für die

Liliane Delacourt führt mit ihrem Sohn Christian das Hotel Bristol in Heist. Christian lernte sein Handwerk in der Hotelfachschule von Koksijde, seine Zubereitungen sind ebenso fantasievoll wie leicht. Neben den Fischgerichten sind es nicht zuletzt die leckeren Nachspeisen, die bei den Gästen hoch im Kurs stehen.

internationale Elite zu machen. Stübben ließ eine streng den Örtlichkeiten angepasste Infrastruktur anlegen. Die Wege, Pfade und Avenuen waren von Weiden gesäumt, die alle fünf Jahre gekappt wurden, und führten zu Häusern im angelsächsischen Stil. Die Häuser wurden mit Baumaterial der Region gebaut und waren fast immer weiß gestrichen und trugen Dächer aus roten Ziegeln oder Stroh.

Mit der Eröffnung des Hotels *Memling* auf dem Place Albert wurden die mondänsten Erwartungen erfüllt. Der herrliche Golfplatz – der *Royal Knokke Golf-Club du Zoute* – und ein Komplex von vierzig Tennisplätzen im Stadtzentrum ließen elegante Sportler in Scharen anströmen.

Die 150 Hektar eines ehemaligen Meerarmes wurden isoliert. Hier sollte das Naturreservat *Zwin* entstehen. Der Graf Léon Lippens beschloss 1952, die Mündung des Zwin vor der Immobilienspekulation zu retten. Er ließ ein bemerkenswertes ornithologisches Reservat anlegen. Spezialisten aus der ganzen Welt treffen sich hier, um seltene Wildvögel zu beobachten. Sechzig Hektar sind den Besuchern zugänglich. Über einhundert Arten nisten im Zwin, unter ihnen Austernfischer, Säbelschnäbler, Störche, Brandenten, Lachmöwen und Kolonien von Seeschwalben. Auch Pflanzenfreunde kommen auf ihre Kosten. Im Sommer glänzen die veilchenfarbenen Blüten des Meerlavendels, hier besser bekannt unter der Bezeichnung *Zwinnebloemen*, Zwinblumen.

Hier steht auch das Haus, in dem König Leopold III. seine Wochenenden im Kreis der Familie verbrachte. Auch heute heißt das Haus noch *Villa royale*, ist aber inzwischen ein Restaurant.

Der Graf Léon Lippens war jahrelang Bürgermeister von Knokke. Sein Sohn Léopold sorgt seit zwanzig Jahren dafür, dass der Zwin seinen Charakter und seine Ruhe bewahren darf.

Manche Bänke auf den Plätzen tragen immer noch die Namen der Kinder der Familie.

Le Zoute ist eines der wenigen Seebäder der Küste, das seine Hotels nach und nach den Bedürfnissen der Gäste anzupassen wusste. Alte Hotels wurden zur Freude der Sommerfrischler umgebaut. Das *Britannia* war 1927 in einer der Hauptstraßen erbaut worden, heute erstrahlt es in neuem Glanz, ohne etwas von seinem Geist eingebüßt zu haben. Charmante Hotels wie *Le Manoir du*

Duinbergen ist der Familienstrand par excellence. Wie Puppenhäuser stehen die Villen in den Dünen, ein harmonischer Anblick, wie man ihn nicht überall an der belgischen Küste genießen kann …

Dragon warten mit hübschen komfortablen Zimmer mit Blick auf den Golfplatz auf. Die Eingangshalle erleuchtet ein lustiger Kronleuchter in Form eines Schiffes.

Der Golfclub von Le Zoute, reserviert für seine 1500 Mitglieder, ist inzwischen hundertjährig. Ein 18-Loch-Parcours gehört ebenso zu der Anlage wie ein angenehmes *Clubhouse*. Dort hängen auch zwei Gemälde von Edgar Tytgat mit allen Flurnamen des alten Knokke. Auf der Speisekarte des Restaurants, das zu den besten der Region gehört, stehen gegrillte Gambas, pochierter Steinbutt oder Wasserjungfern in Aspik – und selbstverständlich Kroketten mit grauen Garnelen. Sogar sieben komfortable Zimmer mit Blick auf den Fairway warten auf Gäste.

Gästezimmer sind eine neue Formel, die auf große Zustimmung stößt. So im

Babett, das Chantal De Cavell am Graaf Jansdijk eröffnet hat. 1995 hat sie die kleinen Gartenhäuschen umgebaut. Jedes Häuschen hat seinen eigenen kleinen Garten. Das *Babett* ist das kleinste – dafür aber ein besonders charmantes – Hotel in Le Zoute. Auf Wunsch wird Frühstück serviert, und für die Gäste stehen Fahrräder bereit.

Der Tagesablauf wird von unumstößlichen Ritualen bestimmt. Zum Frühstück gibt es Pistolets mit Garnelen. Die besten Pistolets soll es in der Bäckerei *Gaelens* geben. Die Garnelen werden im allgemeinen – ungeschält – bei Irma in der Nähe der Dominikanerkirche gekauft. Einzeln werden sie unter den wachsamen Augen der ausländischen Gäste geschält, eine Kunst einiger Belgier, die mit dieser Arbeit seit ihrer jüngsten Kindheit vertraut sind. Wie schon ihre Eltern und die Eltern ihrer Eltern fahren die Kinder mit dem Rad oder dem *Cuistax* auf den Deich um die Wette. Die Erwachsenen haben die Wahl zwischen Golf, Reiten oder einem ausgedehnten Spaziergang zum holländischen Strand von Cadzand. Chic ist es auch, Muscheln zu sammeln. Wenn man Glück hat und die kleinen Blumenverkäufer noch nicht vorbeigekommen sind, kann man die allerschönsten Muscheln finden.

Sportfreunde aller Altersklassen treffen sich auf Höhe des alten Schwimmbades am Strand. Hier hat der ehemalige belgische Surf-Meister Frank Vanleenhove sein *Surfers Paradise* eingerichtet, eine wunderschöne Hütte aus Oregonkiefer, die er selbst erbaut hat und sich dabei an kalifornischen Vorbildern orientierte. Von einem kleinen Observatorium aus kann man das Meer beobachten. Das Dach wird gehalten von einem Kokuspalmenast, den der Sportler aus Costa Rica mitgebracht hat und um den sich eine Liane spannt. An den Mauern hängen die signierten Bretter der Weltbesten sowie Nummernschilder der beliebtesten Surforte. Frank verleiht Surfbretter und gibt dem Nachwuchs Unterricht. Immer trifft man an der Bar einen Kollegen zum Fachsimpeln. Für Mitglieder reserviert ist der Billardraum auf der ersten Etage. Die Einwohner von Knokke frönen noch einer weiteren Leidenschaft, dem Bogenschießen. Im zarten Alter von acht Jahren beginnen sie mit diesem Sport. Der Gilde des heiligen Sebastian kann man einen Besuch abstatten. Ihre Mitglieder praktizieren alte Rituale. So wählen sie am ersten Sonntag im September ihren Kaiser.

An einem verregneten Nachmittag trifft sich alle Welt zum Waffelnessen bei

Siska. Mutter Siska, Francesca Defonseca, ist eine legendäre Persönlichkeit des neunzehnten Jahrhunderts, eine 136 Kilo schwere urwüchsige Müllerin, die die gesamte Region mit ihren leckeren Waffeln beglückte und so die kinderreiche Familie ernährte. Ein Gemälde von Rembrandt inspirierte sie dazu, ihren Waffeln eine Herzform zu geben. Sie überlebte drei Ehemänner und schenkte zehn Kindern das Leben, die alle Waffeln in ihren Café-Restaurants verkauften. Auf vielen Leuchtreklamen steht *Marie Siska, Enfants Siska, Gustave Siska,* usw. Stefan Dossche von *Marie Siska* behauptet von sich, das Geheimnis des Waffelteigs zu besitzen. Er versteckt sich und seine geheimnisumwobene Mixtur buchstäblich vor neugierigen Blicken. Die Waffeln werden noch in den originalen Formen zubereitet.

Freunde zeitgenössischer Kunst finden Werke berühmter Maler wie Cy Twombly bei Bernard Cats. Am Wochen-

Chantal De Cavell beim Zeichnen im Garten hinter den Gästezimmern, die sie vermietet. Oft gibt es zur großen Überraschung der Gäste schon zum Frühstück Garnelen zu den Brötchen.

ende, an Feiertagen und während der Schulferien öffnet dieser bekannte Galerist des Brüsseler Sablon-Viertels seine Außenstelle in Le Zoute. Patrick De Brock stellt in seinem kleinen Geschäft in der Standstraat zeitgenössische Fotografen und Maler aus. André Simoens ließ sich als erster in der Residenz Saint-James nieder. Wer lieber Trödel- und Antikläden abklappert, hat die Qual der Wahl. Bunt durcheinander gewürfelt stapeln sich in der Boutique von Yvette und Martin Jansens ethnische Tonarbeiten, afrikanische Masken, venezianische Laternen und zeitgenössische Kunst. Bei *Steppe & Oase*, einem Spezialisten für archäologische und ethnographische Objekte, bietet Bart Wille Keramikarbeiten aus dem Nahen und Fernen Orient neben Nomadenschmuck und expressionistischen Gemälden an. Freunde des Ungewöhnlichen treffen sich seit neuestem bei Jean-Philippe Demeyer, einem jungen Antiquar, der seine Lehrjahre bei De Grande verbracht hat und ein ausgesprochener Raritätensammler ist: Möbel aus der Kolonialzeit, Hexensteine, seltsame Spiegel, Architekturobjekte aus Zink, Maquetten, alles, was möglichst verrükkt, übergroß oder einfach verblüffend ist, zieht ihn an. Brigitte und Alain Garnier haben neben ihrem Geschäft in Brügge ein zweites in der Residenz Saint-James eröffnet. Hier findet man Stühle in allen Stilrichtungen, Bibliotheken, und englische Schreibtische. Auch für Freunde zeitgenössischer Möbel hält Le Zoute einige gute Adressen bereit. *Flamant* genießt einen hervorragenden Ruf, bei *Vandekerckhove* verkauft Karine Lammens zeitgenössische und ethnische Möbel in Grau-, maulwurf- und kastanienfarbenen Tönen. Bea Mombaers hat sich auf Design spezialisiert, nachdem sie einige Jahre als Antiquarin gearbeitet hatte. Sie hat das *Home Store* eröffnet, das sich auf über einhundert Quadratmetern Möbeln – auch Eigenkreationen – und zeitgenössischer Objektkunst verschrieben hat. Freunde schöner Kacheln sollten unbedingt Dominique Desimpel einen Besuch abstatten. Doch damit nicht genug! Anschließend sollte man sich bei *Corman* mit der neuesten Literatur eindecken und einen Schaufensterbummel in der Kustlaan machen. Die Kleinen zieht es jetzt zu *La Poste*, wo es das beste Eis an der Küste gibt. Die Großen geben sich zum Aperitif ein Stelldichein auf dem Place Albert, der im Volksmund besser als „Hast-du-mich-gesehen-Platz" bekannt ist. Am besten auf einer nach allen Seiten offenen Terrasse. Ein Pimm's verschönert den Sonnenuntergang.

Zum Abendessen trifft man sich bei Freunden. Wer selbst nicht gerne kocht, macht seine Besorgungen bei Souvereyns. Christian Souvereyns hat den berühmten Scholteshof seines Vaters verlassen und gegenüber der Dominikanerkapelle einen Traiteur-Service eröffnet, der – so sagt man – an der Küste seinesgleichen sucht. Die Tagesgerichte werden auf einer schwarzen Tafel angekündigt: Pasta primavera mit Rohkost und frischen Kräutern, knusprige Quiches. Eine außergewöhnlich große Käseauswahl und Spitzenweine aus aller Welt runden das Angebot ab.

In Le Zoute gibt es tatsächlich zahlreiche banale Bistros, doch es ist schon verwunderlich, dass keines der Restaurants vor den Augen der Sterne-Juroren des Guide Michelin Gnade fand. Auch was die Dekoration betrifft, gibt es keinen wirklichen Überflieger.

Frische Waffeln gibt es überall an der Küste, doch nirgendwo werden sie wie bei Marie Siska nach altem Rezept gebacken. Es gibt sie mit Butter, mit Zucker oder mit Sahne. Im 19. Jahrhundert verwöhnte Francesca Defonseca die ganze Küste mit ihren Waffeln.

Ruth und Christian Souvereyns haben sich in einem kleinen Haus in der Altstadt von Knokke niedergelassen. Zen-Ambiente im Wohnzimmer, maritim die Flure mit Muschellampen und einem Schiffsmodell.

't Kantientje ist für viele das beste Muschelrestaurant des Landes und nebenbei der Spezialist für leichte Garnelen-Kroketten, die auf der Zunge zergehen. Das Dekor ist einfach mit einer langen grün gestrichenen Theke, einigen Tischen und Vorhängen von Laura Ashley. Ein wenig Brüsseler Saint-Martin-Atmosphäre bietet die *Brasserie André*, in der die Tische um ein Holzfeuer stehen. Der Empfang ist freundlich und die Küche einfach, aber gut: Toast mit geräuchertem Aal, Gambas oder besonders zarte Steaks. Die richtige Adresse für ein

Si Versailles ist eine vornehme Brasserie in Le Zoute. Zu den Spezialitäten gehören unter anderem die auf einer gusseisernen Platte zubereiteten Muscheln.

letztes Abendessen mit der Familie vor der Heimfahrt. *Si Versailles* ist im Vergleich dazu viel eleganter. Hier kann man auf der Terrasse zum Deich hin einen Champagner-Hummer genießen. Trui Ponjaert, von Freunden Tracy gerufen, entstammt einer gestandenen Köchinnentradition und hegt das Geheimnis eines in Paris entdeckten Rezeptes für die "moules brûle-main", auf einer Gussplatte gebratene Muscheln. Das *Knokke-out Café* im Zentrum der Tennisplätze ist der beliebte Treffpunkt von Yuppies, die hier zu Abend essen und darauf warten, dass sich das von Flamant mit lokalen Souvenirs, alten Fotos von Le Zoute, Schiffsmodellen und Rudern dekorierte Lokal in einen Nachtclub verwandelt.

Spielernaturen – aber auch Freunde gehobener Unterhaltung – machen einen Abstecher ins Casino von Albert-Plage, einen Tempel zeitgenössischer Kunst. Joseph Nellens ließ es 1928 von den Antwerpener Architekten Stijnen, Van Hoenacker und Dens erbauen. Eröffnet wurde es am 5. Juli 1930 und präsentiert sich heute als ein Kompromiss zwischen dem Bauhausstil und der Expo 58. Die Eingangshalle wird von einem riesigen Murano-Leuchter erhellt: Der sieben Tonnen schwere Leuchter zählt 2700 Birnen. Über 22.000 Glasteile wurden verarbeitet.

Albert-Plage ist synonym für die Familie Nellens. Dort, wo heute das *Casino* und *La Réserve* thronen, gab es zu Beginn des zwanzigsten Jahrhunderts so gut wie nichts. 1922 gingen die Dünen, die sich von der Avenue Lippens bis an die Grenze von Duinbergen erstreckten, in den Besitz einer Gruppe über, an deren Spitze Joseph Nellens stand. Er hatte die glorreiche Idee, mit der Straßenverwaltung eine Vereinbarung zu treffen, nach der der Deich zwischen Duinbergen und Knokke, der bei einem Sturm zerstört worden war, einhundert Meter landeinwärts wieder aufgebaut werden sollte. So konnte der Strand stabilisiert werden. Joseph Nellens war es auch, der den *Lac de la Victoire* anlegen ließ, indem zwei Dünensenken verbunden wurden, und der 1925 den *Pavillon du Lac* errichten ließ, das erste Gebäude, das im Parzellierungsplan der Gesellschaft vorgesehen war. Der Pavillon wurde im Zweiten Weltkrieg zerstört und durch ein großes Hotel im normannischen Stil ersetzt, dessen Silhouette allen Küstenbesuchern bekannt ist: das *La Réserve*.

Vier Jahre nach der Eröffnung des Casinos starb Joseph Nellens. Sohn Gustave, Doktor der Rechte, führte das Werk seines Vaters fort. Sofort nach Kriegsende trieb er die Entwicklung von Albert-Plage voran und ließ im Casino den Erdgeschoss-Saal und die Bar *Bagatelle* einrichten. Für die Dekoration des Restaurants und der Säle wurden die besten belgischen Künstler verpflichtet, von Delvaux über Permeke bis hin zu Spillaert. Der Kunstliebhaber Gustave Nellens war auch ein Talentspäher. Er entdeckte einige der größten Künstler unserer Zeit, und ihm ist es zu verdan-

Im Casino von Albert-Plage verkehrten dank der Familie Nellens die größten Künstler und alle Persönlichkeiten aus dem Showgeschäft.

ken, dass die Erinnerung an Edith Piaf und Jacques Brel in Kunstwerken weiterlebt.

Heute bilden Duinbergen, Albert-Plage, Knokke und Le Zoute ein Ganzes und sind gemeinsam *der* Strand der belgischen Küste. Hier muss man sich sehen lassen, hier eine Unterkunft zu besitzen ist noch besser. Riesige, perfekt unterhaltene Villen stehen auf Grundstücken, die manchmal zu klein erscheinen. Der Preis des Quadratmeters erreicht schwindelerregende Höhen. Selbst die Preise für ein Appartement in einem der meist hässlichen Komplexe am Meer sind für Normalsterbliche unbezahlbar.

Es gibt mehrere Möglichkeiten, in Le zoute zu wohnen. Jede hat ihre Fangemeinde. Wer am Wochenende kommt oder hier den Urlaub mit Familie oder Freunden verbringt, bleibt treuer Gast der großen Villen entlang der kleinen Pfade. Mit ihrem dunklen Holz, den kleinen Fenstern, den Ziegel- oder Strohdächern und dem gepflegten Putz ihrer Fassaden erinnern diese Villen entlang

Bea Mombaers vom Home Store lebt in einem ehemaligen Fischerhaus in Oosthoek.

der schmalen Alleen mit silbrig glitzernden Kopfweiden sowohl an englische Cottages als auch an normannische Villen. Viele von ihnen wurden umgebaut und bieten heute modernsten Komfort. Bei allen Umbauten wurde aber immer der typische Stil respektiert. Manche bieten direkten Zugang zum Golfplatz, andere besitzen Gärten, die von den besten Landschaftsarchitekten geplant wurden. Andere wie *Le Clos des Pommiers* öffnen ihre Fenster auf große Obstwiesen, die im Frühling mit Narzissen übersät sind.

Andere Zoute-Liebhaber bemühen sich, vergessene oder veraltete Kleinodien mit neuem Leben zu erfüllen. Wie Dominique Koch – bekannt geworden durch ihr Buch über Jack Russel –, die ein ganzes Arbeiterviertel neben dem Markt umgebaut hat. Hier haben Ruth und Christian Souvereyns, Inhaber des gleichnamigen bekannten Traiteur-Dienstes ein kleines Haus gemietet. Schon in der Diele duftet es nach Holz, alle Zimmer sind getäfelt und die Böden aus breiten Ulmenbrettern. Der wohnlichste Raum des Hauses ist die auf einen dunkelgrauen AGA-Herd ausgerichtete Küche. Ein Gemälde von René Guiette und warme Plaids verströmen eine herzliche Atmosphäre – wie in einem Schweizer Chalet.

Denselben Weg ging Béa Mombaers vom *Home Store*. Sie bewohnt ein kleines Haus am Oosthoek, das der Genter Architekturprofessor Herman Dewitte mit viel Liebe umgebaut hat. Hinter einer banalen Fassade verbirgt sich ein konse-

Die kleinen Höfe im Schatten des Graaf Jansdijk mit herrlichem Ausblick auf die Polderlandschaft sind charakteristisch für die Region.

quent strukturierter, in Grautönen gehaltener Raum, den Béa Mombaers mit ihren eigenen Kreationen möbliert hat. Bemerkenswert wird das Haus durch seine Rückfassade, eine komplett verglaste Öffnung, von der aus man durch einen Innenhof auf ein anderes kleines Haus blickt, das – mit Teakholz überzogen – an ein Schiff erinnert und als Gästehaus für Freunde dient. Das große Rundfenster läßt kalifornische Gefühle aufkommen.

Von den am Graaf Jansdijk verstreut liegenden kleinen Höfen waren viele dem Verfall geweiht, bevor sich die Einwohner von Le zoute zur Restaurierung entschlossen. Stefan und Kristof Boxy sind die Zwillingskinder eines kulturinteressierten Feinschmeckerehepaares aus Kortrijk und haben ihre Kindheit vorwiegend in Museen und Gastronomietempeln verbracht. Folge davon sind ein ausgefeilter kulinarischer Geschmack und die Vorliebe für die konstruktivistische Periode. Gemeinsam haben sie die Hotelfachschule in Coxyde besucht. Mit 21 Jahren eröffneten die Zwillinge ihr erstes eigenes Restaurant: sieben Tische in einem kleinen Raum. Anschließend haben sie es vorgezogen, einen Traiteur-Service aufzuziehen und gehören heute zu den besten ihres Fachs landesweit.

Eines Tages stießen sie bei einem Spaziergang mit Stefans Frau Carine im Hinterland von Le zoute auf ein zum Verkauf stehendes verfallenes Häuschen. Begeistert vom Blick auf die Felder griffen sie ohne zu zögern zu. Das Haus befand sich in einem sehr schlechten Zustand. Die ganze Familie machte sich gemeinsam mit Carines Onkel, dem Dekorateur Derek Wilson, an die Arbeit. Das Resultat entspricht ihren gehobenen Ansprüchen und ihrem auserlesenen Geschmack. Ein Küchentisch von Hoffman, Sessel von Charles Eames, Gartenmöbel von Knoll, eine Liege von Le Corbusier, zwei Sessel von Marcel Breuer und ein Stuhl von Rietveld machen aus diesem wunderschönen Häuschen auch ein kleines Museum. Und in der Küche brüten die Zwillinge kreative, leichtverdauliche Gerichte für ihre Freunde aus.

Bleiben die ungraziösen Hochhäuser entlang des Deichs. Eigentlich war es ein utopisches Unterfangen, einen dieser 1960 errichteten Unbauten umzubauen. Die Pariser Dekorateurin Andrée Putman hat die Herausforderung dennoch angenommen. Für einen anspruchsvollen Sammler hat sie ein Penthouse in einem dieser Türme umgebaut. Und aus dem hässlichen Entlein wurde ein stolzer

Die besten Landschaftsarchitekten Belgiens waren in Le Zoute am Werk.

Schwan. Auf der Meeresseite kann man von einer großen Terrasse die Gezeiten genießen. Auf der Rückseite blickt man von der Schlafzimmerterrasse auf die Dächer von Le zoute. Das Bad ist mit blauem Lavastein ausgelegt. Im Wohnzimmer mit Kupferdrahtschränken verschwindet der offene Kamin im Sommer hinter den Schiebetüren der Bibliothek. Überall machen Kunstobjekte dem Sammler alle Ehre: Skulpturen von Spaletti, Botero und Nicky de Saint-Phalle, Gemälde von Enrico Baj und Leroy, Fotos von Bruce Weber und Axel Hütte. Die Möbel stammen von Lalanne oder Mies Van de Rohe. Der Raum ist auf ein riesiges Modell der Titanic ausgerichtet, das in seinem Plexiglasaquarium als Couchtisch dient.

Die Liebe zu diesem Teil der Küste wird immer größer, und Immobilien wechseln zu horrenden Summen den Besitzer. Snobismus allein kann diesen Erfolg nicht erklären. Nur in De Haan findet man sonst noch dieses Gefühl der Geborgenheit in dörflichem Charakter, das sich einstellt durch Pfade, die sich durch die Dünen schlängeln, und die jährlich frisch gestrichenen Villen.

Zeeland:
Mit dem Meer
und gegen das Meer

Von Le Zoute aus fährt man über eine – außer auf Landkarten – unsichtbare Grenze und gelangt geradewegs in ein rein holländisches Dorf. *Retranchement* verdankt seinen Namen den Befestigungsarbeiten der Spanier zu einer Zeit, als es Vorposten von Damme und Brügge war. Man ist sogar auf einen spanischen Friedhof gestoßen. Retranchement hieß „*Cad Sandria*", und der Name blieb dem Nachbarstrand erhalten: *Cadzand*. 1604 ließ Maurice von Nassau, Prinz von Holland, auf den ehemaligen spanischen Schutzwällen provisorische Befestigungen zur Verteidigung des Zwin errichten. 1621 ließ er zwei Forts bauen, „*Orange*" – 1682 bei einer großen Überschwemmung zerstört – und „*Nassau*". Zwischen diesen beiden entstand Retranchement. Die napoleonischen Truppen bauten die Befestigungen zur Verteidigung der Schelde wieder auf. Am 23. September 1811 legte hier der Kaiser an.

Retranchement ist heute ein charmantes Dörfchen, und seine Befestigungen stehen unter Denkmalschutz. Neben einem Musikkiosk erhebt sich eine kleine reformierte Kirche. Ein wenig weiter blickt man durch die Fenster des alten Hofes *Terhofstede*, der bereits 1303 bei der Schlacht von Armuiden erwähnt wurde, auf eine landschaftliche Idylle: Pferde, die einen Karren ziehen, ein paar Radfahrer, ein Fischer mit seiner Ausrüstung. Kaum vorstellbar, dass man nur zehn Minuten vom belebten Place Albert entfernt ist.

Die Scheune von *Terhofstede* ist datiert auf 1750, doch über der Eingangstür des Hauses ist die Jahreszahl 1870 eingraviert. Das Oberlicht über der Tür zeigt einen Lebensbaum, Symbol der Fruchtbarkeit, sowie eine Zeichnung von Birnen und Äpfeln, wohl um Besucher nicht über den Reichtum des Hofes im Unklaren zu lassen. Die Namen der alten Eigentümer klingen französisch, wahrscheinlich handelte es sich um geflüchtete Hugenotten. Der aktuelle Eigentümer hat *Terhofstede* vor gut zehn Jahren erworben. Der Hof befand sich in einem bedauernswerten Zustand.

Der Liebhaber von Musik, Literatur und Objektkunst hat sein Haus im englischen Stil der Fünfziger dekoriert. Je nach Jahreszeit tauscht er Wohn- und Esszimmer, um den Lichteinfall bestens ausnutzen zu können. Der Wohnzimmerkamin ist dem eines Pavillons Peter des Großen in Sankt Petersburg nachempfunden, jenes Zaren, der Holland verehrte. Auf dem Kamin stehen als Hommage an die abenteuerfreudigen holländischen

Typisch für Zeeland sind die Strohdächer und die schwarzweißen Bretter wie hier bei der Scheune des Hofes Terhofstede. Das kleine Nebengebäude (rechts) wird als Gästezimmer genutzt.

Seefahrer aus China mitgebrachte Vasen. Zwischen Reisesouvenirs steht auf einem Louis-Philippe-Schreibtisch ein Foto der Königin Beatrix. Der Esszimmerkamin ist mit Delfter Kacheln verziert, Muschelschalen bedecken die Gartenwege. Das Kutschenhäuschen zwischen der Scheune und dem Haus dient als Gästezimmer.

Von der Rückseite der Scheune aus gelangt man in den Garten der befreundeten Nachbarn Carole und Hugues De Waele. 1972 haben die beiden ein kleines Fischerhaus gekauft und restauriert. Die umliegenden Felder haben sie ebenfalls aufgekauft und in Blumenwiesen verwandelt, getrennt durch Hainbuchen- und Taxushecken. Blauer Garten, gelber Garten und weiße Rosengärten wie in Sissinghurst, eine Anlage voller Poesie. Bis es so weit war, haben die beiden Gartenfreunde viel Energie verbraucht Carole arbeitet jeden Nachmittag, Hugues jedes Wochenende.

Blick aus dem Salon der Terhofstede auf die Scheune aus dem Jahr 1750.

Kurz vor Sluis stößt man auf *Sint-Anna Ter Muiden*, ein kleines, vollständig erhaltenes Dorf. Entlang einer Straße mit Lilliputanerhöfen gelangt man auf einen Platz mit Häusern aus dem XVIII. Jahrhundert und einem noch älteren Rathaus. Ein wenig weiter hinten liegt die Pfarrkirche des Reformistenkults, die sich an einen beeindruckenden Turm aus dem vierzehnten Jahrhundert anlehnt, das einzige Überbleibsel der mittelalterlichen Stadt Mude.

Das Rathaus von Sluis ziert der einzige Belfried der Niederlande. Von seinem Turm aus hat man einen einmaligen Blick auf Zeeland. Sluis, eine alte befestigte Stadt, hat seine maritime Vergangenheit längst vergessen und widmet sich dem Fremdenverkehr. Die Geschäfte haben an allen sieben Wochentagen geöffnet. Sehenswert ist vor allem das Restaurant *Oud Sluis*, eines der besten der Region, in einem hübschen, von Buchsbaumtöpfen eingekreisten Bauernhof untergebracht. Die Wände sind bedeckt mit Plänen der Umgebung und Gravuren, die Fische und Krustentiere darstellen. Holzfeuer verbreitet in den beiden Sälen eine wohlige Atmosphäre. In der Küche regieren Ronnie Herman und sein Sohn Sergio. Ihre Fischgerichte – Seebarsch, Steinbutt und Rochen – belohnte der Guide Michelin inzwischen mit einem zweiten Stern.

Das *Olleke Bolleke* ganz in der Nähe ist ein Bonbonparadies, das mit seinen pastellfarbenen Süßigkeiten in Form kleiner Personen Kinderaugen leuchten läßt.

Sie sollten Sluis nicht verlassen, ohne in der Bäckerei *Spelier* die leckeren *appel bolletjes* (Apfelberliner) gekostet zu haben.

Auf dem Weg nach Breskens fährt man vor dem *Veerhoeve* vorbei, einem wunderschönen Haus aus dem Jahr 1860. Els Euts, die Eigentümerin, glaubt, dass es einem Fährmann gehörte. Vor kurzem hat sie ein kleines Nebengebäude zu einem Gästezimmer umgebaut. Ein traumhafter Ort für ein Wochenende. Vor allem das Bad mit den Starck-Armaturen ist gelungen. Das Zimmer mit weiß gestrichenen Möbeln führt auf eine Terrasse, in deren Verlängerung sich ein Teich befindet. Bei schönem Wetter kann man gegenüber von einer riesigen schwarzen Scheune frühstücken. Glyzinien und Buchsbäume verschönern den Garten. Für Gäste stehen zwei Fahrräder zur Erkundung der Umgebung bereit. Acht Radwanderwege sind ausgeschildert. Und in den kleinen Kneipen findet man Flickzeug ... sollte man unterwegs eine Panne haben.

Wer sich von der bezaubernden Eintönigkeit der Nordseeküste einfangen lässt, wird immer wieder an den Stränden von Zeeland träumen, der Folge von Ebbe und Flut an den bemoosten Anlegestellen zusehen und beim Anblick des von Wind und Wetter gebeutelten Dünenbandes in Erinnerungen schwelgen. Unendlich ist die Weite der Landschaft in den Poldern. Ohne die kilometerlangen Deiche gäbe es Zeeland, das unter dem Meeresspiegel liegt, nicht. Gemäß der Devise „Luctor et emergo" (Ich lasse mich nieder und tauche auf), ist man geneigt zu sagen, dass dieses Land vom Menschen geschaffen wurde, so sehr haben der Bau der Deiche und die Dränung der Polder die ursprüngliche Küstenlandschaft verändert.

Das hübsche und klug angelegte Breskens ist der Lieblingshafen niederländischer und ausländischer Jachteigentümer. Hier können die Schiffe überwintern, die Versorgung mit Wasser und Kraftstoff ist leicht gemacht. Und im *Jacht-Club Breskens* erwarten den Gast deliziöse Aalspezialitäten mit Sahnesaucen und Fritten. Wer mit dem Auto von Breskens nach Vlissingen übersetzt, landet in einer anderen Welt. Auf der Meeresseite eine Welt aus Inseln und Dünen, gegenüber Dörfer und Höfe. Zeeland ist das Paradies der Segler und Windsurfer und gleichzeitig die Provinz mit der höchsten Bevölkerungsdichte der Niederlande. Im Gegensatz zum benachbarten Knokke ziehen die Einwohner hier Natur, Spaziergänge und Sport dem Nachtleben und dem Nervenkitzel im Casino vor. Die Gesichtszüge der Zeeländer, ihre dunklen Augen und Haare, ver-

Ein mittelalterlicher Turm überragt die Häuser aus dem XVIII. Jahrhundert in Sint-Anna Ter Muiden am Ortseingang von Sluis.

raten noch immer ihren spanischen Ursprung. Für diese Bevölkerung bleibt ein Ausländer immer ein Ausländer. Und ihre Sparsamkeit ist sprichwörtlich. Man erzählt sich, dass zur Zeit der Seekriege die Zeeländer keine Gefangenen machten, sondern die Feinde gleich ins Meer warfen – nur um sie nicht durchfüttern zu müssen.

Im Jahr 1100 gründeten die Prämonstratenser auf der Insel von Zuid-Beveland eine Abtei. Bald entstand um die Abtei herum das Städtchen Middelburg. Als Lager der *Compagnie des Indes orientales* im XVII. und XVIII. Jahrhundert kam Middelburg schnell zu Reichtum, bevor es von den englischen Eroberern zerstört wurde. Middelburg blieb Hauptstadt des *Departments des Bouches de l'Escaut*, als Holland französisch wurde, wurde für kurze Zeit englisch im Jahr 1809, blieb unversehrt, bis am 17. Mai

Eines der wenigen gastronomischen Restaurants der Region ist das Oud Sluis in einem ehemaligen Bauernhof in Sluis. Vater und Sohn Herman wurden für ihre feine Küche mit einem zweiten Stern des Guide Michelin belohnt.

Rechte Seite: In Middelburg, der friedvollen Hauptstadt der Provinz Zeeland, machen die Segelschiffe am Kai vor den ehemaligen Häusern von Reedern und Händlern fest.

ein deutscher Angriff das Stadtzentrum und die meisten Denkmäler beschädigte.

Wie durch ein Wunder wurde das herrliche Rathaus aus dem XVI. Jahrhundert auf dem Marktplatz nicht beschädigt. Die Fassade ist ein Meisterwerk der Spätgotik. Die Abtei der Prämonstratenser funktionierte bis zum Eintreffen der Geusen im Jahr 1574, als sie zum Verwaltungssitz der Provinz Zeeland bestimmt wurde – eine Funktion, die sie noch heute erfüllt. Der beste Blick auf die Abtei und die Befestigungen bietet sich von der Spitze des *Lange Jan* aus, eines Turms, der modellgetreu dem gotischen Original aus dem XVI. Jahrhundert nachempfunden wurde.

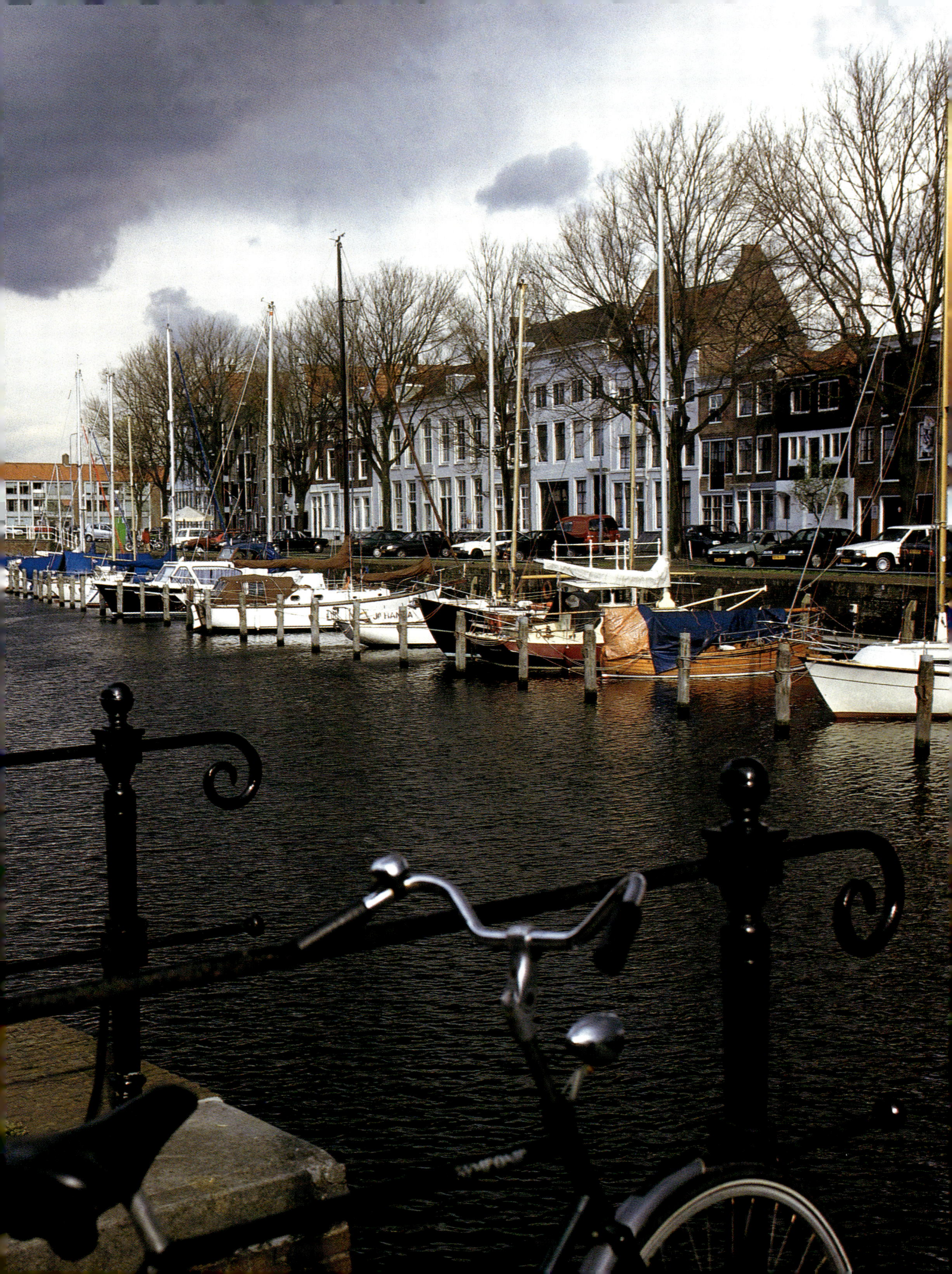

Die Straße von Middelburg nach Veere ist eine der romantischsten der Region.

Vor einigen Jahren erhielt Middelburg den Preis der bestrestaurierten Stadt Europas. Das Resultat kann sich in der Tat sehen lassen und steht seiner großen Schwester Amsterdam in nichts nach.

Zwischen den Inseln von Walcheren und Noord-Beveland erhebt sich aus dem bukolischen Veersemeer ein hübsches Dorf: Veere erwacht erst zum Leben, wenn sein Hafen von den Freizeitsportlern in Besitz genommen wird. Unter dem wachenden Auge der Renaissance-Häuser werden die Bistros an den Kais von Touristen überströmt. Der *Campveerse toren* am Ende des Hafens ist eine der ältesten Gaststätten der Niederlande. An diesem mythischen Ort heirateten am 21. Juni 1575 Wilhelm von Oranien und Charlotte de Bourbon. Unter den ehrwürdigen Deckenträgern, an denen ein kupfernen Kronleuchter hängt, nimmt das mit alten Schränken möblierte Restaurant einen achteckigen Raum mit

Schilfrohr wuchert an den Ufern der Kanäle auf dem Weg in das verschlafene Örtchen Veere.

breiten Eichendielen am Boden ein. Man sollte sich an eines der drei Fenster mit Blick auf das *Veersemeer* setzen, eine der Hummerspezialitäten kosten – oder eine einfache Seezunge nach Müllerinart. Einfache, aber komfortable Zimmer und Apartments können gemietet werden. Abseits von der lärmenden Welt ist dies im Winter der ideale Ort für eine romantische Liebe.

Neben Goes hat sich der Landschaftsarchitekt Arend Jan van der Horst niedergelassen. Der Gestalter zahlreicher Gärten und Autor mehrerer Bücher zu diesem Thema hat die *Nederlandse Tuinenstichting* (Niederländische Gartenstiftung) gegründet, die sich die Restaurierung der niederländischen Gärten zur Aufgabe gemacht hat. Van der Horst organisiert Besuche der schönsten Privatgärten in Europa, den Vereinigten Staaten, Brasilien und China. Vor einigen Jahren hat er Amsterdam den Rücken gekehrt und sich auf der Halbinsel von

Zuid-Beveland niedergelassen. Noch heute kann man bei ihm die inzwischen gerahmte Anzeige sehen, die den Verkauf eines mittelalterlichen Hofes der Region ankündigte, von dem man behauptete, es sei ein ehemaliges Zisterzienserkloster. Das lässt einen unvermittelt an die Zeit der Trockenlegung der Schorren denken, als Zisterziensermönche den Bauern die Kunst des Deichbaus beibrachten und ihnen zeigten, wie man Kräuter als Medizin verwendet. In dem denkmalgeschützten Haus stehen immer noch die Originalmöbel, blutrote Schränke und geschlossene Betten. Die Delfter Kacheln wurden in Rotterdam hergestellt und entstammen der gleichen Faktur wie die des Plantin-Moretus Museums in Antwerpen. Lustige architektonische Details wurden sorgfältig erhalten wie das kleine Luftzugfenster über der Tür des Esszimmers, durch das Pfeifenrauch entweichen kann, oder die Trinkwasserbrunnen im Keller. Man erzählt sich, dass es sogar eine Wunderquelle gab, die zur Reformationszeit zugeschüttet wurde. Durch die Verknüpfung der Gärten, die den Bau umgeben, hat der Hausherr die mittelalterliche Atmosphäre wieder hergestellt. Einen der Gärten schmücken symbolische Pflanzen: Rote Rosen symbolisieren das Blut Christi, Iris erinnert an das Königstum und Erdbeersträucher an die Dreifaltigkeit. In einem weiteren Garten wachsen medizinische und Küchenkräuter. Und nicht zuletzt rühmt sich der Hof mit seinen Wiesen, auf denen Kühe, Schafe und Pferde weiden, und den Obstwiesen selbstversorgend sein zu können.

Arend Jan van der Horst hat seine Büros in einer großen Scheune, die dem Haus angegliedert ist, untergebracht. Sie wurde mit Holz der Region erbaut und schwarz gestrichen. Die Türen sind traditionell weiß eingerahmt, damit man sie, so wird behauptet, nachts leichter finden konnte.

Das Restaurant *Inter Scaldes* in Kruiningen am Zusammenfluss des West- und des Ostarms der Schelde gehört zu den bekanntesten der Niederlande. Maartje Boudeling, die Chefin, ist zweifelsohne die einzige Frau, die vom Guide Michelin mit zwei Sternen belohnt wurde. Sie hat im *Oustau* von Baumanière gearbeitet und mehrere Kurse bei *Lenôtre* in Paris belegt. Den letzten Schliff ihrer Kochkunst holte sie sich in Brüssel bei *Bruneau*. Ihre Küche basiert auf Scheldefischen und frischen Produkten aus Zeeland. Allein ihre typischen Spezialitäten wie die Scheldehummerterrine mit Spargel aus

Der Landschaftsarchitekt Arend Jan van der Horst wohnt in einem mittelalterlichen Hof in Goes. Auf dem Kamin im Salon steht neben provenzalischen Töpfereien eine Medicis-Vase.

Bergen-op-Zoom oder der Steinbutt in Trüffelrobe an Butter sind eine Reise wert. Die Köchin ist auch eine Verfechterin des Glasschmalzes und des Meerlavendels, die nur hier wachsen. Von dem in einem Gewächshaus untergebrachten Restaurant genießt man die Aussicht auf einen traumhaften Garten, in dem Buchsbaumhecken um Lavendel und Rosen stehen. In einem Nebengebäude mit Strohdach wurde das Hotel *Le Manoir* eröffnet. Die von Walda Pairon dekorierten Zimmer verlängern sich in Terrassen über dem Garten, in dem das Frühstück eingenommen werden kann.

Nur wenige Schritte entfernt befinden sich die stillen Wasser des Austernparks von Yerseke, wo die berühmten zeeländischen Flachaustern, die 'Creuses' und die japanischen zwischengelagert werden, nachdem sie an ihren Zuchtplätzen gefischt wurden. Flachaustern müssen vier bis fünf Jahre warten, bevor sie

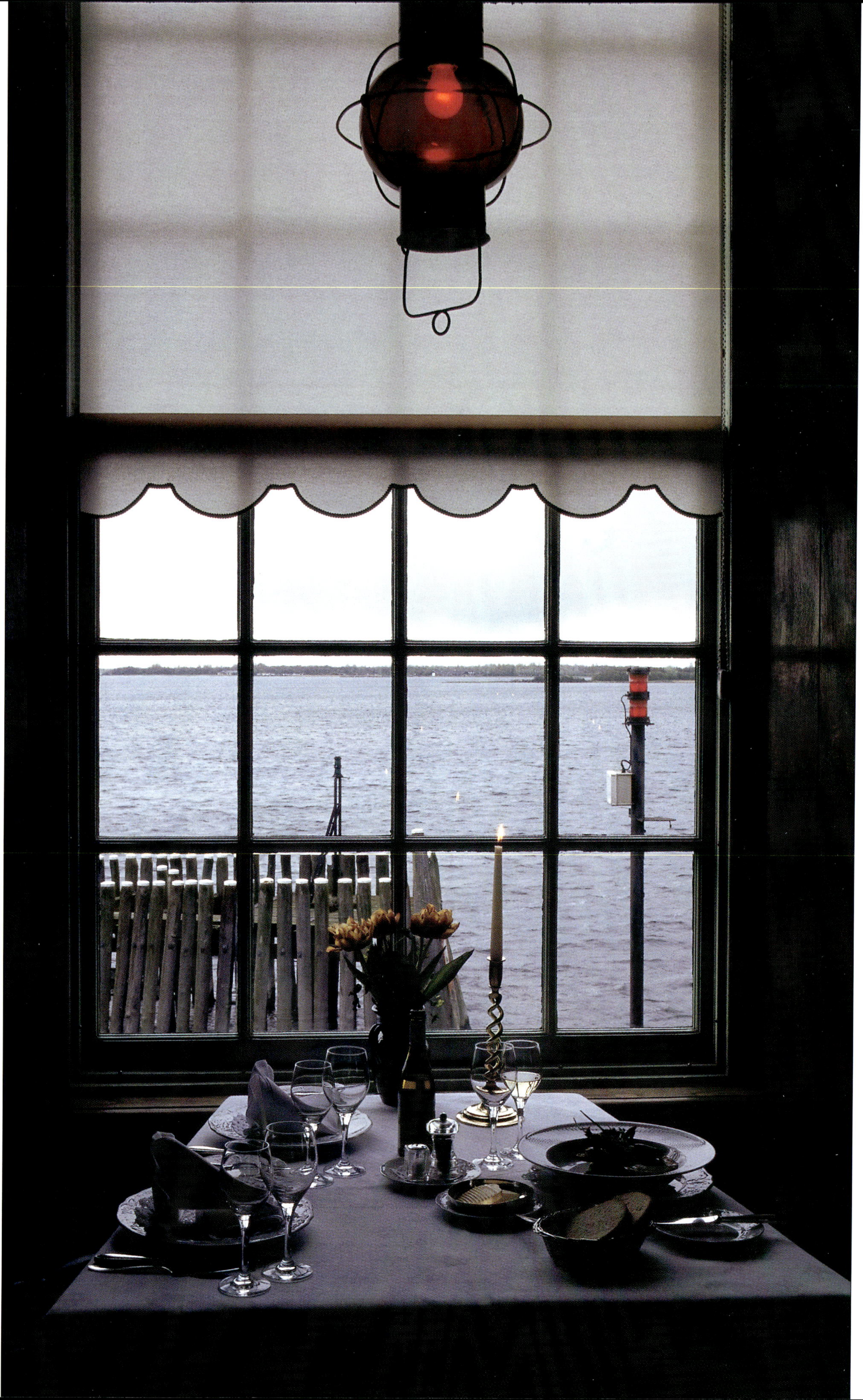

In einem Turm aus dem XV. Jahrhundert im Hafen von Veere ist das hervorragende Restaurant des Hotels Campveerse toren untergebracht. Die besten Tische stehen direkt am Fenster, von wo aus man den Schiffen beim Ein- und Auslaufen zusehen kann.

verzehrt werden können, die 'Creuses' nur zwei Jahre. Die mysteriöse Anzahl Nullen auf der Speisekarte sind ein Hinweis auf das Alter der Austern in Jahren. Das Wasser des Parks wird regelmäßig erneuert, um Sand und andere Unreinheiten zu entfernen. Wenn die Austern das erforderliche Alter erreicht haben, werden sie noch einmal gefischt, von außen gesäubert, sortiert und in Weidenkörben ausgelegt. Die Qualität der angebotenen Meeresfrüchte und deren unübertroffenen Frische im Restaurant *Nolet* gegenüber vom Austernpark war den Michelin-Juroren einen Stern wert.

Zur Jagdsaison haben Hasen und Fasane Hochkonjunktur auf Danny Nolets Speisekarte. Das Interieur des Restaurants ist ein wahres Museum, in dem man die wiederaufgebauten Überreste des Dorfes *Reymerswaele* entdeckt, das bei einer der großen Überschwemmungen in der Zeit um 1500 versunken ist.

In Yerseke findet auch die einzige Muschelversteigerung der Niederlande statt. Wer von gastronomischen Genüssen in Zeeland redet, kann die berühmten Muscheln nicht verschweigen, die von Kennern als die besten der Welt bezeichnet werden. Die Muscheln werden gezüchtet, das heißt, sie wachsen in Parks, die ihnen die idealen Bedingungen zur optimalen Entwicklung bieten. Eigentümer der Parks ist der Staat, der diese an die Züchter vermietet.

Ein wenig Wehmut schwingt immer mit beim Abschied von den endlosen Weiten und von den wunderschönen Dörfern, aus denen die Holländer zeitlose Zeugen ihrer reichen Vergangenheit gemacht haben.

Brügge, die Unwandelbare

Die Geschichte der Anfänge Brügges wurde mit dem gesamten Stadtarchiv bei einem Brand des Belfrieds im Jahr 1200 vernichtet. Bekannt ist, dass der erste Graf von Flandern, Baudouin Bras de Fer, Brügge im Jahr 862 gründete. Die Stadt entstand allerdings nicht aus dem Nichts: Bei einem Wehr gab es bereits eine Kirche, die der heilige Eloi im VII. Jahrhundert hatte bauen lassen, sowie ein Dorf. Der Name Brügge stammt übrigens nicht, wie gemeinhin angenommen, aus dem flämischen *brug* (Brücke), sondern aus dem normannischen *bryggia*, was soviel wie Hafenwehr bedeutet.

Im IX. Jahrhundert war der Zwin ein an seiner Mündung sechs Kilometer breiter Meeresarm, dessen Wellen an die Mauern der Brügger Festung schlugen. Brügge entwickelte sich zum wichtigsten Seehafen der westlichen Welt und mit 40.000 Einwohnern war die Stadt nach Florenz die einwohnerstärkste Europas. Im X. Jahrhundert konnten die Schiffe an den Kais der Stadt selbst fest machen. Im XI. Jahrhundert betrieb Brügge regen Handel mit Köln auf dem Landweg und mit dem Orient auf dem Seeweg. Die Grafen von Flandern und deren Nachfolger, die Herzöge von Burgund, waren die reichsten und einflussreichsten Prinzen Europas.

So groß Brügges Reichtum war, so brutal war der Niedergang der Stadt. Einerseits war die Tuchindustrie der Stadt von englischen Lieferungen abhängig, die mit den europäischen Konflikten langsam zum Erliegen kamen, und andererseits führte die Versandung des Zwin dazu, dass die Schiffe und mit ihnen Händler und Finanziers dem im XIII. Jahrhundert wichtigsten Hafen Europas zwei Jahrhunderte später Antwerpen vorzogen.

Wahrscheinlich verdankt die Stadt Philipp des Guten ihre Unsterblichkeit diesem plötzlichen Niedergang, diese surrealistische Schönheit, die allen Modeströmungen und Epochen zum Trotz immer noch im Glockenspiel des Belfried widerhallt. Man hört noch die Hufe der Pferde, die Kutschen über Pflasterstraßen zogen und atmet den seltsamen Duft der Gischt, die an das nicht mehr vorhandene Meer erinnert. Jedes Sträßchen, jeder Kanal ist mit Geschichte imprägniert. Eine Panoramaansicht, die Marius Gérard 1562 zeichnete, verblüfft: Sie könnte gestern entstanden sein.

Einbahnstraßen, schmale Gassen, Kopfsteinpflaster und keine Parkplätze, die Behörden tun alles, um Brügge vor dem Lärm und den Folgen des Verkehrs zu schützen. Beliebtestes und preisgünstigstes Verkehrsmittel der Einheimischen ist das Fahrrad, das man hier an allen Ecken leihen kann. Taxis sind horrend teuer. Und die Touristen lassen sich vorzugsweise auf Kutschen von Pferden durch die Straßen ziehen.

Das Herz der Stadt schlägt in einem Viertel, das sich vom Markt über die Breydelstraat zur Burg hinzieht. Auf diesem Platz fand schon 958 ein Markt statt. Ein hübscher Blumenmarkt erinnert jeden Mittwoch an die Bestimmung des Platzes. In diesem Viertel sollte man die Seele baumeln lassen, den Geschichten zuhören, die Türme und Kirchen erzählen. Über dem Marktplatz thront stolz der Turm des Belfrieds, einer ehemaligen Verteidigungsanlage, die als Aussichtsturm diente. Hier wurden die Stadtsiegel und alle wichtigen Dokumente aufbewahrt. Hier übergab Philippe d'Alsace, Graf von Flandern, 1190 die Urkunde, die Brügge zur Freistadt machte, bevor er beim dritten Kreuzzug sein Leben lassen musste. All diese wertvollen Dokumente wurden beim Brand von 1280 vernichtet. 1741 zerstörte ein Blitz die Turmspitze, die durch eine Kuppel ersetzt wurde. Alle Viertelstunde klingt aus dem Belfried eine andere Weise des berühmten Glockenspiels. Die Brügger berichten liebevoll, ihr Glöckner sei der wichtigste Mann der Stadt. Heute trägt Aimé Lombaert dieses Amt mit Würden und bedient mit seiner Klaviatur 47 Glocken. Lombaert erhielt sein Diplom in Mechelen – in der einzigen Glöcknerschule der Welt. Der Belfried erhebt sich 88 Meter über die Stadt, und 366 Stufen führen nach oben, von wo aus man einen herrlichen Blick auf die Türme von Damme und Lisseweghe sowie auf die flandrische Ebene genießt, durch die sich das weiße Band des Kanals von Brügge nach Zeebrügge zieht

Die Heilig-Blut-Basilika und das Rathaus ragen aus der Innenstadt empor. Papst Pius XI. erhob 1932 die Anlage von zwei Kapellen zur Basilika, die das abenteuerliche Schicksal der Kreuzfahrer – unerschrockene Adlige, blutrünstige Eroberer, raffgierige Plünderer und intolerante Gottesfürchtige – erzählt. Begonnen wurde der Bau im XII. Jahrhundert, als Thierry d'Alsace, Graf von Flandern, eine Kapelle zur Aufbewahrung der Reliquien des heiligen Basilius erbauen ließ. Die Sankt-Basilius-Kapelle in romanischem Stil ist von betörender Schlichtheit: Angesichts der von Glauben und Geschichte durchtränkten Strenge der Grausteinbögen werden alle Besucher

An der Carmersbrug spiegeln sich die Häuser des Sint-Annarei im Wasser. Brügges Ausdehnung mag auf den ersten Blick ein wenig anarchisch anmuten, doch das intakte Wechselspiel von Straßen, Kanälen, Häusern, Kirchen, Brücken und Denkmälern machen den ganzen Charme des Venedigs des Nordens aus.

von Ehrfurcht erfasst. Oberhalb der ersten Kapelle wurde eine zweite – ebenfalls in romanischem Stil – errichtet, die ein erstes Mal im XVI. Jahrhundert und beinahe vollständig 1795 während der Französischen Revolution zerstört wurde. 1829 wurde sie im neugotischen Stil – reich vergoldet und verziert – wieder aufgebaut. Hier wird in einem von Silber- und vergoldeten Kupferengeln getragenen Kristallmantel die wertvolle Heilig-Blut-Reliquie aufbewahrt. Mit der unteren Kapelle ist diese durch eine beeindruckende Treppe aus dem XVI. Jahrhundert, „*De Steeghere*", verbunden.

Alljährlich lockt am Himmelfahrtstag die Heilig-Blut-Prozession Tausende Besucher nach Brügge. Diese Prozession erinnert an den ruhmreichen Tag, an dem Graf Thierry die wertvolle Reliquie des heiligen Blutes Christi aus Jerusalem mitbrachte, wo sie ihm sein Schwager,

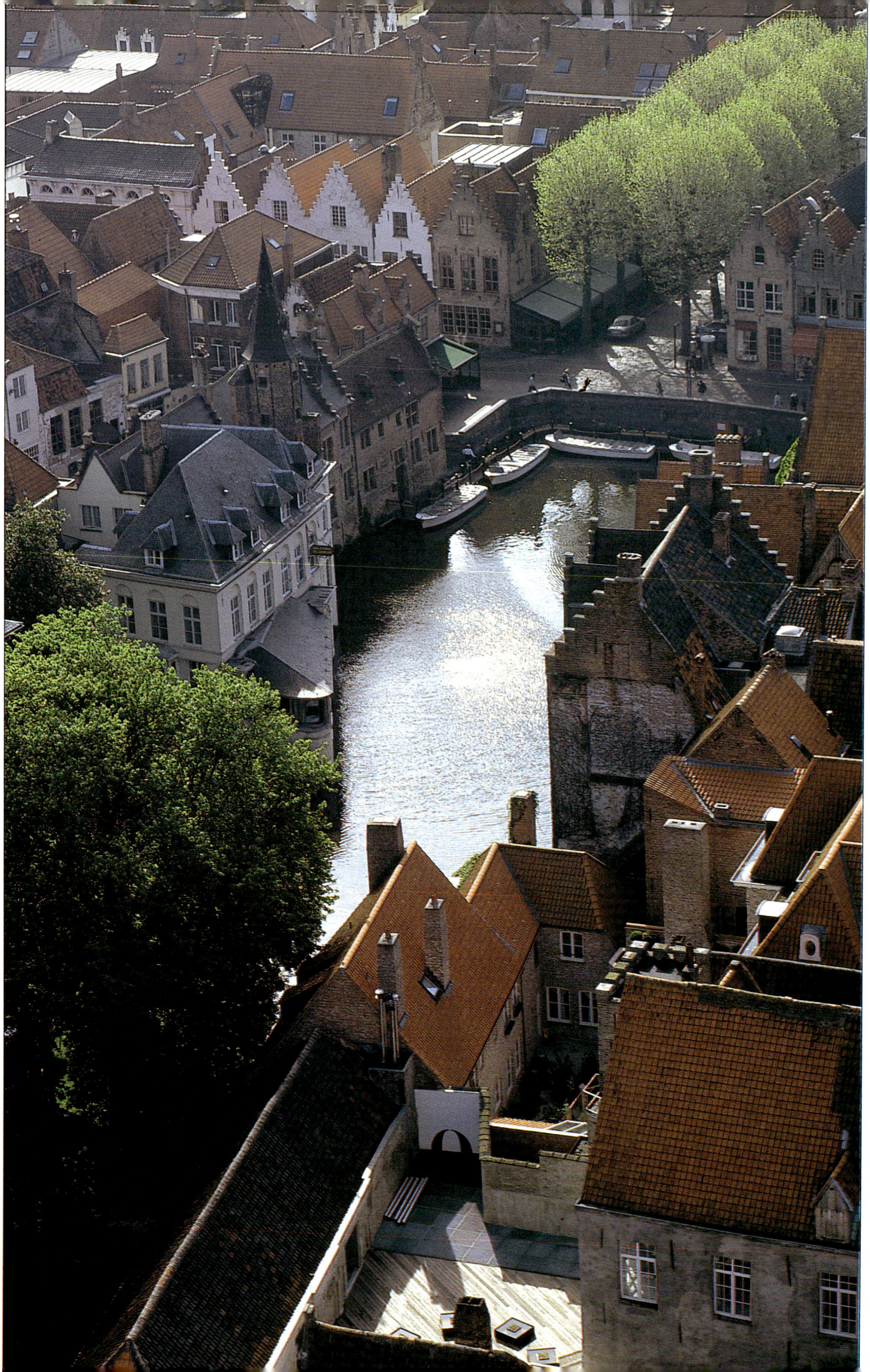

Baudouin III., König von Jerusalem, anvertraut hatte. Die Prozession mit den historischen Gemälden, der sich die Mitglieder aller Pfarren und Bruderschaften anschließen, ist weit mehr als ein folkloristischer Umzug. Die ehrfürchtige Stille, mit der die Menschenmasse die Segnung des Bischofs empfängt, ist beeindrukkend.

Im Jahr 1376 legte Louis de Maele, den Grundstein für das älteste bürgerliche Bauwerk Flanderns, das Rathaus. Und die ehemalige Gerichtsschreiberei im Stil Flämischer Renaissance wurde 1792 zerstört und wieder aufgebaut. Nach der Französischen Revolution war hier das Polizeipräsidium untergebracht, heute tagt hier das Friedensgericht.

Den schönsten Blick auf die Stadt hat man vom Belfried aus: Giebel, rote Dächer und Türmchen, Straßen und Kanäle ...

Rechts oben und Mitte: Das Brügger Rathaus wurde 1376 im Stil der flämischen Gotik errichtet und ist das älteste Flanderns. Das ehemalige Zivilgericht links vom Rathaus ist ein Musterbeispiel flämischer Renaissance.

Unten: die beeindruckende Mechanik der 47 Glocken des für seinen reinen Klang berühmten Glockenspiels.

In Brügge gibt es viele bemerkenswerte Kirchen wie die Saint-Saveur-Kathedrale, die an der Stelle der ehemaligen Sankt-Alias-Kirche stehen soll. Ihr Bau wurde 1350 fertig gestellt. Vier Brände und das antiklerikale Fieber der Französischen Revolution hat sie überlebt. Ein wenig weiter reckt die Kirche Notre-Dame ihren 126 Meter hohen Turm in den Himmel, der einst den Schiffen die flämische Küste anzeigte. In dieser Kirche befinden sich die herrlichen Särge von Karl dem Kühnen und seiner Tochter Maria von Burgund.

Ein wenig weiter, dort wo Brügge ländlich wird, stößt der Besucher auf ein Kleinod religiöser Inspiration, den Beginenhof. Im XIII. Jahrhundert versammelten sich die Beginen auf Landgütern, die ihnen von den Behörden zugeteilt wurden. Dies war die Geburtsstunde der Beginenhöfe, die in manchen Orten kleine Städte bildeten. Den Brügger Beginenhof ließ Margerite von Konstatinopel, Gräfin von Flandern, 1245 erbauen. Noch heute werden die Besucher eingefangen von der friedvollen Harmonie, die diese einfachen Häuschen ausstrahlen. Der Garten ist auch für Spaziergänger ein Ort der Einkehr. Nur die wenigsten Touristen wissen, dass die schwarzen Gestalten mit der weißen Kopfbedeckung, die wie auf einem Gemälde von Memling einmütig zum Gottesdienst marschieren, keine Beginen sind, sondern dem Benediktinerorden angehören. Sie haben sich 1927 auf dieser Insel des Friedens niedergelassen und dem Ort seinen ursprünglichen Namen wiedergegeben: *Monastère de la Vigne*. Eines der kleinen Beginenhäuser kann besichtigt werden. In dem ursprünglichen Dekor lernt man das Leben kennen, das die Gemeinschaft einst führte.

Das Gotteshaus von Meulenaere lässt uns ins XVII. Jahrhundert eintauchen. Damals ließen die Zünfte kleine, niedrige Häuser für die Ärmsten der Armen bauen. Diese Häuser, die *godshuis* (Gotteshaus) genannt wurden, erinnern an Puppendörfer. Auch heute noch stehen die Namen der Wohltäter und das Datum des Baus über der Eingangstür. Die Häuser sind bestens unterhalten, und die Ruhe, die sie ausstrahlen, hat etwas Bedrückendes. Hinter den gedrungenen weißen Fassaden scheint es kein Leben mehr zu geben.

Ganz in der Nähe führt uns die Sage zu einem See, der immer wieder als Postkartenmotiv auftaucht.

Im Beginenhof herrscht eine einmalige Atmosphäre der Ruhe und des Friedens. Hinter den alten Fassaden verstecken sich das Klostergebäude und die Aufenthaltsräume der Nonnen.

Es war einmal ein sehr reicher Pirat namens Wunnenstein, der im Wald von Wijnendael eine Burg hatte bauen lassen. Seine hübsche Tochter Mina hatte er einem Freund, dem Herrn Hornbeck, versprochen. Doch Mina liebte einen anderen: Morin Stromberg, mit dem sie sich heimlich verlobt hatte. Eines Nachts flüchtete die Schöne mit einer Dienerin zu ihrem Geliebten. Die beiden Frauen irrten lange durch den Wald. Als Morin sie endlich fand, lag Mina im Sterben. In seiner Verzweiflung versprach Morin, diesen Ort der Erinnerung an seine Geliebte zu weihen. Er leitete den Flusslauf um, vergrößerte das Flussbett und legte Minas Leichnam in einen Sarg, der langsam im Wasser versank. Dieser Weiher ist heute das *Minnewater*, der See der Liebenden.

Die Einwohner Brügges, einer von Religion durchdrungenen Stadt, sind anders als die des restlichen Flandern.

Ein kleines Beginenhaus wurde zum Museum umfunktioniert und zeigt, wie die frommen Frauen im XVII. Jahrhundert lebten (hier das Esszimmer).

Sie sind diskreter, und ihr Hang zur Sparsamkeit verbindet sie mit den Niederländern. Der Winter ist die ideale Jahreszeit für einen Besuch der äußerst touristischen Stadt. Im Sommer verschwinden Denkmäler und Kanäle oft in den Menschenmassen oder hinter Autobussen. Der Lärm der Besucher aus aller Welt passt nicht ins Stadtbild.

Der Samstagmorgen sollte dem Besuch einiger Märkte vorbehalten sein. Am *Zand* lockt der Blumenmarkt, auf dem *Vismarkt* wird frischer Fisch angeboten. Der *Vismarkt*, 1821 nach Plänen von Calloigne auf dem ehemaligen Platz Braamberg erbaut und von einem dorischen Säulengang umgeben, zählt mit Sicherheit zu den schönsten Europas. Hier findet man frisch gefischte Langustinen und in der Saison *Maatjes*. Die berühmten *Maatjes* sind Heringe, die noch nicht geschlechtsreif sind und deshalb *maagdjes* (Jungfrauen) genannt wurden.

Ist der Markt geschlossen, werden Fischliebhaber in dem exzellenten Fisch-

Oben: Dieser kleine Krämerladen ist im Folkloremuseum zu bewundern.

Unten: Ein flämischer Wohnraum im Folkloremuseum zeugt vom bescheidenen Dasein in vergangenen Tagen.

geschäft gegenüber fündig, *De Gouden Karpel*.

Von den zahlreichen Museen sollte man sich drei auf keinen Fall entgehen lassen. Das *Groeninge* zeigt Sammlungen des flämischen Primitivismus, von Meistern der Renaissance, Gemälde aus dem XVIII. und XIX. Jahrhundert, Werke der Symbolisten, der belgischen Modernisten sowie flämischer Expressionisten. Das *Gruuthuse* ist in einem großzügigen herrschaftlichen Gut aus dem XV. Jahrhundert untergebracht. Der Geisteswissenschaftler Louis de Gruuthuse war Mäzen des Druckers Colard Mansion. Schriftsteller, Buch- und Miniaturmaler arbeiteten für ihn. Er besaß – neben den burgundischen Herzögen – die schönste Privatbibliothek, deren Inhalt heute noch in der Nationalbibliothek von Paris bewundert werden kann.

Das *Memling-Museum* im *Hôpital Saint-Jean* zeigt die berühmtesten Werke des flämischen Meisters, alte Krankenzim-

Gent, Antwerpen, Mecheln und vor allem Brügge übertrafen sich ab dem Mittelalter in der Kunst der Spitzenklöppelei. Diese Kunst war Frauen vorbehalten und entwickelte sich in Klöstern und Beginenhöfen.

mer, Möbel und Objekte, die hier in Gebrauch waren und sogar eine vollständig erhaltene Apotheke aus dem XVII. Jahrhundert.

Außerdem gibt es in Brügge zahlreiche kleine Museen wie das Folkloremuseum, das in einigen Häuschen aus dem XVII. Jahrhundert untergebracht ist, die der Schuhmachergilde gehörten. Die Häuschen stehen um einen schönen Innenhof, in dem sich bei schönem Wetter manchmal die Alten zu einer Partie *Pasbaan* treffen, einer lokalen Variante des Boule-Spiels. Maskottchen des Museums ist eine große schwarze Katze, die unbekümmert durch die Räume des Museums streift, in denen die Atmosphäre vergangener Zeiten lebendig nachgestellt ist: Küchen mit Spülbecken voller Geschirr und kleine Geschäfte aus früheren Zeiten: Apotheken, Hutmacher, Schuhmacher. Jeden Donnerstag kann man zwischen 14 und 16 Uhr zuschauen, wie in einem Süßwarengeschäft Ananas-, Zucker- oder Holunderbonbons nach alter Art hergestellt werden. Das Unternehmen *Kathy Drops* finanziert diese Aktion zur großen Freude der kleinen Besucher. Ganz in der Nähe ist im Gotteshaus „*Jerusalem*" ein hübsches Spitzenmuseum eingerichtet. Junge und alte Spitzenklöpplerinnen arbeiten in den Werkstätten.

Im *Arenthuis* ist Spitze ausgestellt: mit Klöppelspitze eingefasste Gipüren, Lacis mit den Wappen Brügger Familien, Bettdecken, Stickereien, Dinanter Arbeiten, Tabernakeldeckchen sowie eine Porträtsammlung. Die erste Etage des Museums ist Frank Brangwyn gewidmet und zeigt Gemälde, Radierungen, Zeichnungen

Links: Kaminfeuer, Modellschiffe und Ahnenporträts bilden das Dekor des exzellenten Restaurants Den Gouden Haring.
Rechts: Aronstab spiegelt sich in der Eingangshalle des kürzlich restaurierten Hotel Montanus.

und Möbel dieses belgischen Künstlers aus den Dreißigerjahren des XX. Jahrhunderts. Spitze ist allgegenwärtig in Brügge, es gibt sogar Plätzchen, die „dentelles de Bruges" (Brügger Spitzen) genannt werden.

Das Geburtshaus von Guido Gezelle an der Kreuzung des *Kruivest* mit dem *Rolweg* ist heute ein Museum zu Ehren des großen flämischen Schriftstellers.

Im Herzen der Stadt gibt es sogar ein paar Adressen, die nicht recht in das Bild einer kreuzbraven Stadt passen wollen. Im *Oud Tegelhuis* veranschaulichen sorgsam archivierte alte Eisendosen, Plakate und andere Dokumente Themen aus der Werbung. In einer ehemaligen Apotheke zeigt Kathleen Storme ihre Lieblingsstücke: Die ehemalige Pharmazeutin ist leidenschaftliche Trödelmarktbesucherin und hat ihre Pillendöschen gegen Nippes, kleine Gemälde und alte Jagdtrophäen eingetauscht.

Hinter der Kirche Saint-Sauveur liegt das Geschäft von Geert und Martine Pollentier-Maréchal, die sich auf Gravuren aus dem XVII. und XVIII. Jahrhundert spezialisiert haben. Ansichtskarten, Pläne, Jagdszenen, Blumen ... Im Geschäft nebenan warten Möbel aus der gleichen Zeit und mittelalterliche Skulpturen. Jean-Marie Meire, dessen loses Mundwerk allein schon einen Besuch lohnt, stellt hier außerdem einzelne Delfter Kacheln aus: zum Beispiel einen Mäusejäger oder einen Aalfischer. Ganz in der

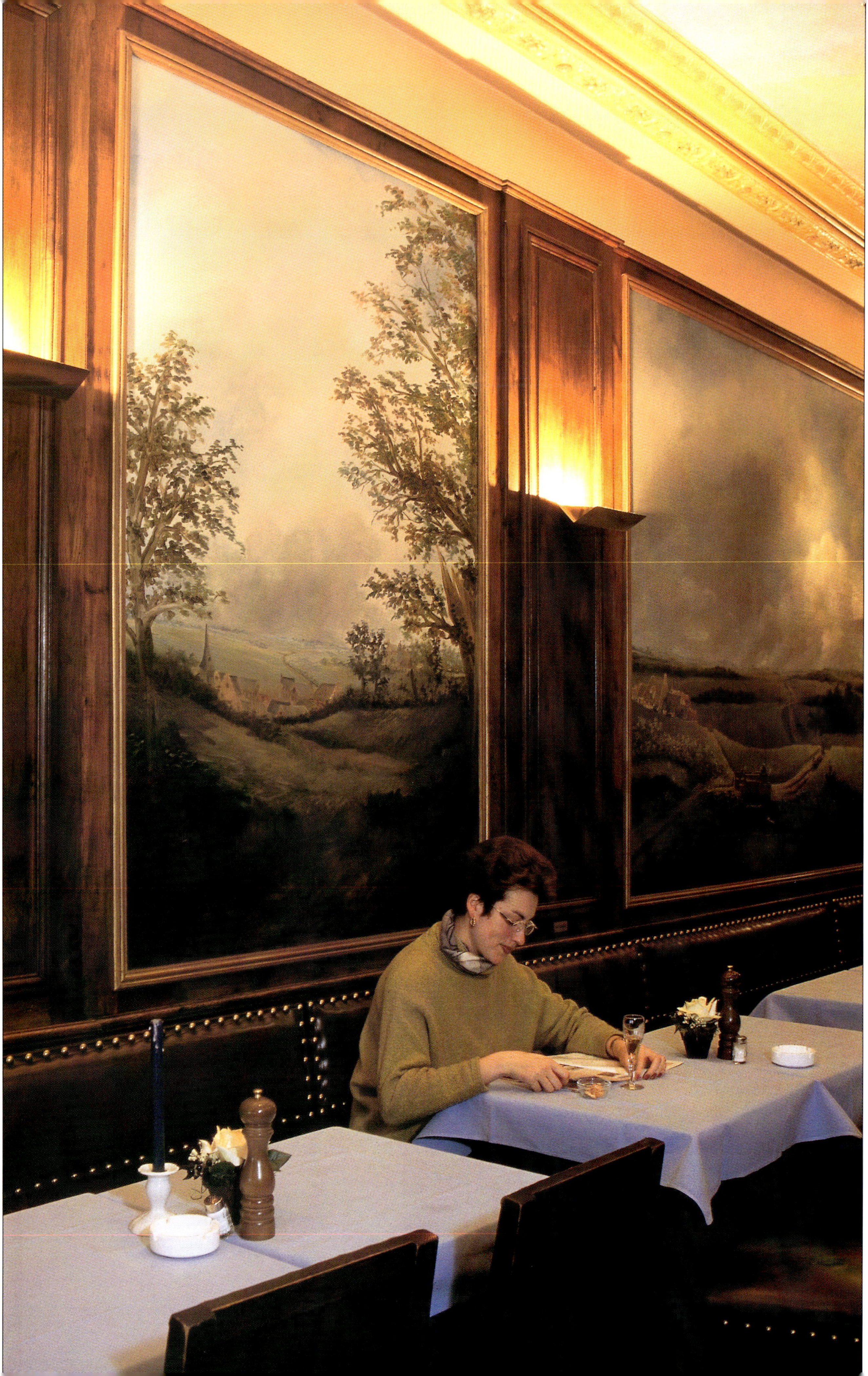

Nähe liegt auch der Laden von Jean Moust, einem Experten für alte flämische und holländische Gemälde, der außerdem einige Kunstobjekte und Raritäten ausstellt. Liebhaber ethnischer Kunst sollten einen Abstecher in das Geschäft von Yannick De Hondt am anderen Ende der Stadt machen, wo japanische Möbel und afrikanische Tuche angeboten werden. Eine Schatzkammer ist das 1500 Quadratmeter große Lager von Alain Garnier an den Stadttoren Richtung Küste. Französische, schwedische und englische Möbel sammelt dieser Spezialist für Stühle, der für ungewöhnliche Objekte und Gartenornamente schwärmt.

In Brügge gibt es so viele gute Restaurants und Hotels, dass man sie unmöglich alle aufzählen kann. Einige besonders edle oder originelle Adressen sollten dennoch genannt werden: Das *Oud Huis Amsterdam* belegt zwei Häuser an einer Gracht abseits der Touristenströme. Mit seinen Originalmöbeln, den Familienbildern, mit Cordoue-Leder bezogenen Sitzgruppen und den Zimmern zur Gracht hin ist dieses Hotel geradezu prädestiniert für ein romantisches Wochenende zu zweit. Im Sommer kann man den Aperitif unter der Glyzinie auf der schattigen Terrasse einnehmen. Die ein wenig überladen wirkende Orangerie bietet einen herrlichen Blick auf die Gracht. Die Inhaber sind begeisterte Delvaux-Liebhaber, dessen Werken man überall begegnet. Bestens bekannt ist das Hotel-Restaurant *Ducs de Bourgogne*. Die Zimmer dieses wunderschön gelegenen Hotels sind ein wenig seidig, und im Esssaal erinnern veloursbezogene Stühle, Fresken und Kupfergeschirr an das Goldene Zeitalter. Man sollte einen Tisch mit Blick auf die Gracht reservieren, der Ausblick gehört zu den schönsten in ganz Brügge. Die Küche ist ebenso traditionell wie das Dekor. Weniger bekannt weil noch relativ neu ist das *Montanus*, das 1998 von Benoît Vlieghen mit viel Geschmack eingerichtet wurde. Restaurant, Zimmer und Salons erstrahlen in glänzendem Weiß. Wer einen Hang zum Ungewöhnlichen hat, sollte das kleine Gartenhäuschen reservieren.

Brügge ist berühmt für seine zahlreichen Feinschmecker-Restaurants, von denen es proportional zur Einwohnerzahl hier mehr gibt als in Paris. *Den Gouden Haring* versteckt sich in einem kleinen

Im feudalen Café des Arts auf dem Marktplatz gibt es alle regionalen Spezialitäten.

Haus hinter den Museen. Schon im Mittelalter gab es hier ein Fischgeschäft, dessen Name übernommen wurde. Seit 22 Jahren regiert hier Philippe Serruys, ein Schüler von Ducasse und Guérard. Seine phantasiereiche und dennoch typische Küche belohnte der Guide Michelin mit einem Stern. Sieben Vorspeisen und sieben Hauptgerichte – entsprechend dem Marktangebot – mehr steht nie auf der Karte: Langusten, Doraden, Steinbutt oder Lamm, mit ausgesuchten Zutaten verfeinert – wie zum Beispiel gegrillte Langusten mit mildem Curry und grünen Äpfeln. Seine Frau Marijke empfängt die Gäste in einem gepflegten Rahmen: ein Dutzend runder Tische, von Leuchtbojen in angenehmes Licht getaucht, die Wände geschmückt mit Bildern von Vorfahren und Seeleuten. Wer hier einkehren möchte, sollte Wochen im voraus reservieren. *De Karmeliet* ist eines der verrücktesten Restaurants in ganz Belgien. Die hervorragende Küche – mit Spezialitäten wie feine, süße Teigblättchen mit großen Langusten und kandiertem Chicoree zum Beispiel erhielt drei Sterne im Guide Michelin, eine Auszeichnung, die *De Karmeliet* nur mit zwei weiteren Restaurants in Belgien teilen muss. Romantisch veranlagte Feinschmecker und Grachtenliebhaber werden sich im Restaurant *Olivier* besonders wohlfühlen. Das *Den Dyver* ist eine Brügger Institution. In einem Dekor, der sich eines Gemäldes von Vermeer würdig erweist – ein riesiger Kamin, Wände mit freiliegenden Ziegeln, Fenster mit kleinen Karos – wird der Bierküche gehuldigt. Wer Pariser Flair dem flämischen Klassizismus vorzieht, sollte der von Philip Simoen dekorierten *Brasserie Raymond* einen Besuch abstatten. Verliebte zieht es ins *Ambrosius* neben dem Beginenhof. Kaminfeuer und Kerzenlicht sorgen in dem kleinen Bauernhof aus dem XVII. Jahrhundert für die richtige Atmosphäre. Guy Haelman und Pia Chinitor haben nur abends geöffnet und bieten phantasievolle Gerichte an. Auf dem Marktplatz gibt es so viele Cafés, dass sich die Kellner um die Gäste zanken. Sympathisch ist vor allem das *Café des Arts* mit den großen Landschaftsfresken von Bart Verbeke. Die Küche ist gepflegt und traditionell: Muscheln werden in Kupferkesseln aufgetischt, die Waffeln sind mit Zucker bestreut und der Kaffee wird in kleinen Kännchen gebracht. Für alle, die im Stehen frühstücken möchten, hat, Franny Mievemet das *De Belegde Boterham* eröffnet, wo sie zwischen 11.30 und 17 Uhr Salate und Brote zubereitet und zwischen Möbeln vom Flohmarkt serviert.

Wie ein Gemälde von Van Eyck: das Café Vlissinghe ist ein echtes Bierhaus.

Bier gehört zu Brügge wie die Grachten. Zwei in Museen umgebaute Brauereien erzählen die Geschichte des Lieblingsgetränks der Belgier. In seinem Buch über belgisches Bier schreibt der berühmte britische Experte Michael Jackson: *„Kein Land der Welt braut Biere mit solch komplexem Charakter wie die feinsten belgischen Biere. Kein anderes Land hat so viele Brauer."*

Im Brügger Biertempel *'t Brugs Beertje*, der von vier Uhr nachmittags bis nachts um eins geöffnet hat, werden über dreihundert Biersorten ausgeschenkt. Einfache Holztische bilden den passenden Rahmen, die Wänden sind tapeziert mit Plakaten, auf denen die Braukunst verehrt wird. Einmal monatlich treffen sich hier die Liebhaber, um alles über ihr Getränk zu erfahren. Nach zwei Jahren Unterricht müssen sie eine Prüfung ablegen, bei der sie mit verbundenen Augen sechs Biersorten erkennen müssen. Sogar die Brauer selbst erkennen ihre eigenen Biere manchmal nicht. Alle erfolgreichen Absolventen erhalten ein akademisches Diplom.

Das *Vlissinghe*, ein echtes Bierhaus aus dem Jahr 1515, steht unter Denkmalschutz. Flämische Möbel, ein alter Ofen, Familienbilder, die Theke mit Täfelungen und Stühlen aus dem XVI. Jahrhundert versetzten uns zurück in ein Ambiente längst vergangener Tage. Neben verschiedenen Bierspezialitäten kann man auch kleine Gerichte zu sich nehmen.

Alle Liebhaber schöner Kacheln kennen Dominique Desimpel. Die Laufbahn dieses passionierten Dekorateurs, der mit den bekanntesten belgischen Architekten zusammen arbeitet, ist untypisch. Nach seinem Abschluss an der Pariser Theaterschule stellt Dominique Desimpel schnell fest, dass er mehr Spaß an Dekoration als an der Bühne hatte, und spezialisierte sich auf Kacheln. Auf der Suche nach den schönsten Modellen bereist er die ganze Welt. Auch wenn sich sein Geschäft in Le Zoute befindet, bewohnt Dominique in Brügge ein Häuschen aus dem XVII. Jahrhundert. Der Weg, der in morgens und abends an den Grachten vorbeiführt, ist für ihn zur Verbindung zwischen seinem Berufs- und seinem Privatleben geworden. *„Hier kann ich ruhig schlafen, Le Zoute ist zu künstlich."* Hier in Brügge entdeckte der junge Ästhet ein kleines Fischerhaus mit Ährengiebel, das er zu seiner persönlichen Zuflucht erkoren hat. Wer durch die blutrot gestrichene Tür, über der sich auf einem Kämpfer die Buchstaben *A* und *E* verschlingen, das Haus betritt, muss den Kopf einziehen. Durch das Musikzimmer, in dem ein Klavier steht, gelangt man in einen Raum, der von einem überdimensionalen Kamin beheizt wird. In einer englischen Mahagonibibliothek stehen Kunstbücher; eine türkische Lampe, ein holländischer Tulpenbaum, ein Schildkrötenpanzer und eine italienische Statue erinnern an die zahlreichen Reisen. Hier und da stehen ein paar alte Kacheln. Das Mobiliar entspricht dem exquisiten Geschmack des Hausherrn: ein bretonischer Fischersessel, ein Stuhl von Tom Dixon, namibische Sitzgelegenheiten … Einziges Möbelstück des Schlafzimmers auf der ersten Etage ist das mit Leinentüchern und einer marokkanischen Dschellaba bedeckte Bett, gekrönt von einer schönen Gipsfigur des Bildhauers Jef Lambeaux.

Eine der heimlichen Sehenswürdigkeiten der Stadt findet man ein paar Häuser weiter: die Speicher von Pol Standaert, einem Spezialisten für Kamine und Formleisten. Die Standaerts sind seit Generationen Stukkateure und stapeln albtraumreifen Trödel: Tierhäute, Wasserspeier, Delphine, Apollos, Heiligenfiguren, Brunnenschalen und selbst eine Hitlerbüste, die sich zu fragen scheint, was sie inmitten dieser seltsamen Gesellschaft verloren hat.

Der Weinhändler Michel Van Acker hat aus zwei Reihenhäuschen eins gemacht, indem er die gemeinsame Zwischenmauer durchbrechen ließ. Das Haus gehört wie alle in dieser Straße der benachbarten Karmelitergemeinschaft. Bei der Einrichtung ließ Van Acker sich

Vom Kruispoort aus, einem der Stadttore, erblickt man drei Mühlen, die auf den ehemaligen Befestigungsanlagen der Stadt erbaut wurden. Ursprünglich gab es in Brügge 25 dieser Mühlen. Von diesem Hügel aus hat man einen herrlichen Ausblick auf die geschichtsträchtige Stadt.

von Béa Mombaers vom Geschäft *Home Store* in Knokke beraten. Michel wählte für die Wände des mit zeitgenössischen Möbeln eingerichteten Wohnzimmers ein mattes anthrazitgrau. Michel Van Acker sammelt Werke von jungen Malern wie Guido Dobbelaere aus Brügge oder Frank Ver Elst aus Knokke. Eine hohe Mauer trennt seinen Patio-Garten vom Karmeliterkloster. Kugelförmige Lorbeerbäume, Buchsbäume und blaue Blüten rahmen die Essecke ein, im Herbst leuchten die Trauben des Rebstocks.

Brügge wird manchmal heute noch zu Unrecht tote Stadt genannt. Die bewahrte Schönheit vergangener Tage hindert die Stadt nicht, auch in der Gegenwart zu glänzen– dank der zahlreichen Kunstschaffenden, die sich hier niedergelassen haben, dank der Traditionen, die weiterleben, und beseelt von der Vitalität der flämischen Kultur.

Im Brügger

Hinterland

Das friedliche, lichtdurchflutete Hinterland von Brügge war immer ein Anziehungspunkt für Künstler und kreative Geister. Schlösser, Höfe und Fischerhäuser sind begehrt bei den Intellektuellen und wurden – wenigstens in den meisten Fällen – geschickt nach den Ansprüchen der neuen Besitzer umgebaut.

Wer sich an der Küste und im Hinterland umschaut, ob nach Restaurants oder nach Privathäusern, wird immer wieder mit dem Architekten Philip Simoen konfrontiert werden. Nach seinen Studien am *Institut Nissim de Camondo* in Paris und an der Schule *Saint-Luc* in Brüssel hat Philip Simoen in einem Architekturbüro gearbeitet, bevor er sein eigenes Büro in Varsenare eröffnet und an Projekten in ganz Europa gearbeitet hat.

Eines schönen Tages stieß er bei einem Spaziergang mit seiner Frau Christine auf ein schlichtes Haus, das der in den Sechzigerjahren wohl bekannte Architekt Arthur Degeyter entworfen hatte. Für die beiden war es Liebe auf den ersten Blick; sie schlugen dem Eigentümer einen Tausch mit ihrem ebenso hübschen, aber im Brügger Sint-Anna-Viertel gelegenen Haus vor. Nach monatelangen Verhandlungen konnten die beiden Familien sich schließlich einigen. Am Tag des Umzugs hat Christine ein großes Fest zwischen den Kartons organisiert. Anschließend begann der Umbau. Die rustikalen Terrakottafliesen am Boden mussten norwegischem Schiefer weichen. In dem graphisch angelegten Wohnzimmer stehen jetzt Philips Möbel: unter anderem Stühle von Le Corbusier sowie ein Klavier. Die Büros wurden in einem neuen Nebengebäude eingerichtet. Die Mauern hat ein englischer Künstler dekoriert, der in Antwerpen wohnt: Perry.

Ein paar Kilometer weiter hat Philip Simoen ein Haus für einen großen Liebhaber und Sammler zeitgenössischer Kunst eingerichtet. Das ganze Haus und sogar der Garten sind ein einziges Museum. Im Salon entdeckt man neben einem riesigen Klavier und Christian-Liaigre-Liegen ein Gemälde von Mario Merz, eine Chaiselongue von Le Corbusier sowie eine Skulptur von Charles Deacon, Objekte, die sich gegenseitig zur Geltung bringen. Der Garten mit Skulpturen von Mac Collum, Richard Serra et Sol gleicht einem Miniatur-Middelheim. Die drei Töchter der passionierten Kunstfreunde wandeln auf den Pfaden ihrer Eltern und nennen ihrerseits bereits wichtige Kunstwerke ihr eigen.

Skulpturen von Sol LeWit und Koen Thys in einem Garten, den der Landschaftsarchitekt Pol de Roose entworfen hat.

Der glückliche Umstand, dass sich hier auf so kleinem Raum so zahlreiche Kunstliebhaber leben, gehört zu den faszinierendsten Seiten Flanderns. Ist der Grund hierfür, dass Flandern so viele großartige Künstler hervorgebracht hat? Auf jeden Fall haben diese Künstler – seit den flämischen Primitiven bis hin zu Artan, Ensor, Spillaert, Permeke und vielen anderen – Flandern eine einmalige, universelle Aura verliehen.

In *Jabbeke*, einer kleinen Nachbarstadt Brügges, ist das *Maison des Quatre Vents*, das einst Constant Permeke bewohnte und in dem seine Werke ausgestellt sind, der Öffentlichkeit zugänglich. Seine Kindheit verbrachte Permeke mit seinen Eltern und elf Geschwistern in Ostende. Sein Vater, Henri Permeke, war selbst Künstler, gründete den *Cercle des Beaux-Arts*, verbündete sich mit James Ensor und wurde Professor an der Schule für Industrie in Ostende. Schon früh unterrichtete er den kleinen Constant in Kunst. Nach seinem Abitur schrieb sich Constant Permeke 1903 an der Akademie

Der Baron von Serret, ein Offizier Napoleons, ließ 1802 mit den Steinen der von den Sansculottes geschleiften Donatius-Kathedrale in Brügge das Schloss der Trois Rois erbauen. Die Kuppel wurde später hinzugefügt.

in Brügge ein. Seine erste Ausstellung organisierte er im *„Salonnet ostendais de la Société littéraire"* und schrieb sich anschließend an der Königlichen Akademie der Schönen Künste in Gent ein. Eng befreundet mit Gust De Smet ließ er sich in Sint-Martens-Latem nieder, dem Künstlerdorf schlechthin für Maler seiner Zeit. Die Kriegszeit verbrachte er mit der ganzen Familie in England. Am 12. April 1919 kehrte er nach Ostende zurück. Sein Haus in Jacobsenstraat lag in Trümmern. Dennoch blieb der leidenschaftliche Seefahrer bis 1926 in Ostende, wo er seine schönsten Marinebilder malen sollte. Ein Sommer in Jabbeke überzeugte den Künstler, sich hier niederzulassen, wo er vor allem Akte und Landschaftsbilder zeichnete: Snellegem, Jabbeke und den Weg, der von seinem Haus ins Dorf führte. Aus dieser Periode stammen Bilder, die in Farben und Leidenschaft schwelgen. 1934 baute er mit Hilfe der Nachbarn in seinem Garten einen Saal, um seine Werke auszustellen. Mit 51 Jahren wandte er sich der Bildhauerei zu - und malte seine schönsten Zeichnungen. 1946 ließ er sich mit seiner Familie in De Haan nieder, wo er Marine- und Strandbilder malte.

Permeke sollte der Ostender Oberklasse nie verzeihen, dass sie ihn nicht über die Beerdigung seines großen Freundes James Ensor am 19. November 1949 informierte. Leon Spillaert, der dritte Mann des Ostender Trios, war bereits 1946 gestorben. Diese Gegend sollte auch den großen flämischen Poeten Jacob van Maerland inspirieren, der im *Oosthoek-Hof* in Snellegem gelebt hat. Das monumentale Portal des Hofes ist auf das XV. Jahrhundert datiert. Der Dichter ruht unter dem Kirchturm von Damme, und seine Statue steht noch immer auf dem Marktplatz, den van Maerland in seinem Werk gefeiert hatte.

In Snellegem hat sich auch einer der größten Antiquare der Region niedergelassen: Paul De Grande. Manch einer hat ihn schon verdächtigt, Korsaren unter seinen Vorfahren gehabt zu haben. Er beliefert sowohl die bedeutendsten Pariser Händler wie auch Monsieur Tout-le-Monde.

Das *Schloss von Loppem* ließ 1859 der Baron van Caloen vom Architekten de Béthune auf den Grundmauern eines Landhauses aus dem XVIII. Jahrhundert errichten. Der neugotische Bau ist heute für Besucher zugänglich und wird von einem englischen Park umgeben, einem See, einer künstlichen Grotte und seltenen Bäumen. Hauptattraktion des Gartens ist ein grünes Labyrinth auf einer Fläche von 25 Ar, bestehend aus grünen und purpurfarbenen Hecken. Dieses Kunstwerk wurde 1870 vom Kapitular und Privatlehrer A. Van der Mersch zur Beschäftigung der Schlosskinder entworfen. Es war ein Mitglied dieser Familie, Monseigneur Gérard van Caloen, der in Loppem die Abtei des Heiligen Andreas sowie das Benediktinerkollegium gründete, das von allem, was in Flandern Rang und Namen hatte, besucht wurde.

Ganz in der Nähe hat mit Johann Grip der talentierteste Florist der Region sein Gewächshaus errichtet. Jeder seiner Blumensträuße ist ein Kunstwerk.

Große Landgüter mit unterschiedlichem Schicksal sind über die gesamte Region verstreut. Manche Familien sind ausgewandert, andere, die sich nicht mehr zum Landjunker berufen fühlten, haben Flandern die letzten Wälder hinterlassen, die sie mit viel Geduld und

Romantik pur: der Kanal von Damme

Fachwissen angelegt oder unterhalten hatten. Das ist der Fall für das *Schloss von Beernem*, einst im Besitz der Familie Lippens. Sein Park mit den riesigen Rhododendronbüschen wurde *Lippensgoed Bulskampveld* getauft. Der Gemüsegarten zählt über 400 Pflanzenarten für medizinischen oder kulinarischen Gebrauch. Und in einer Ecke des Gartens tummeln sich die seltensten Geflügelarten.

Andere Güter wurden aufgeteilt und im Laufe von Erbschaften verkauft. Wieder andere konnten erhalten werden von Familien, die sich dort, wo nur ein Schloss gestanden hatte, mehrere Häuser bauten. Das ist der Fall bei der Familie Seynaeve, die in ihrem Garten drei Häuser errichten ließ. Ihre Leidenschaft ist der „drag". Bei dieser Jagd müssen die Hunde eine mit dem Duft von Fuchskot imprägnierte Beute verfolgen, die von einem Pikör zu Pferd über diverse Hindernisse gezogen wird. In ihrem von dem Brügger Peter Ingelare gestalteten Garten *d'Hontzocht* haben Bernadette und Jean-Pierre Seynaeve ein Teich anlegen

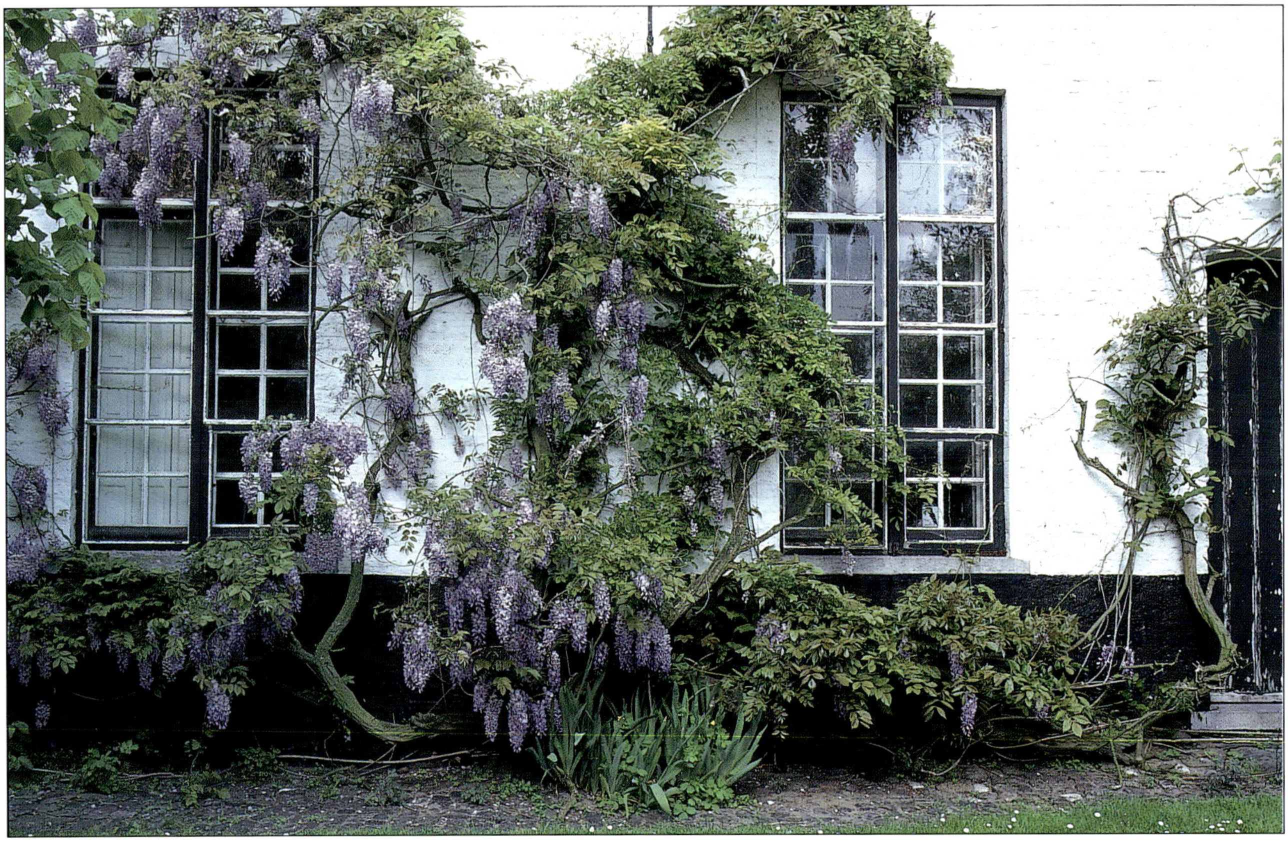

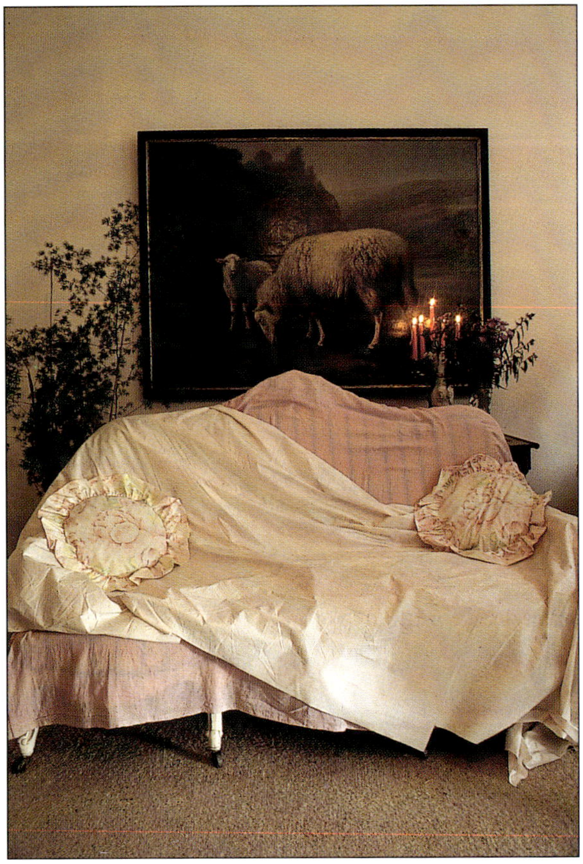

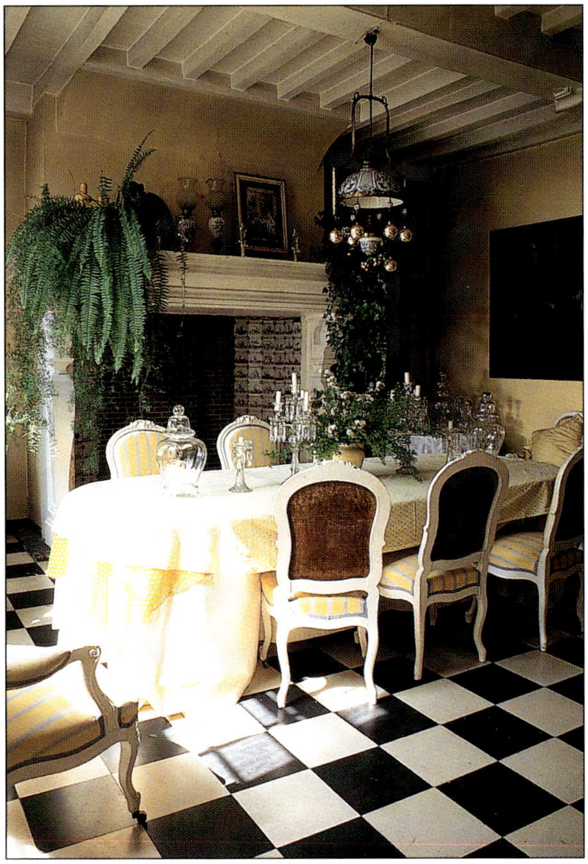

lassen, um den herum sie Iris, Gundelreben und Wolfsmilch angepflanzt haben. Drei Schwäne aus Eisendraht, gefertigt von einem anglischen Künstlers, leisten frei laufenden Rehen und einem Strauß Gesellschaft.

Von Brügge nach Damme folgt eine kleine Straße dem Kanal. Zwischen den Bäumen glitzert grün das Wasser wie ein polierter Stein. Der Hof *Saint-Christophe* neben der Mühle von Damme erinnert mit seiner Architektur an den Beginenhof von Brügge. Der mittlere Teil des Gebäudes in L-Form ist datiert auf das XVI. Jahrhundert, das Tor ist aus dem XVII. und der Taubenschlag aus dem XVIII. Jahrhundert. Das herrliche Tragwerk der Scheune steht unter Denkmalschutz. Der Gesamtbau erstrahlt in perfektem Gleichgewicht. Auf den weißen Mauern und den grauen Dachziegeln spiegelt sich das wunderbare Licht Flanderns. Ein *Pastorengarten* mit Linden und Obstbäumen umgibt den Gemüsegarten, neben dem drei dreihundertjährige Eiben stehen. Fünf Hektar Wiesen und Maisfelder umgeben diesen geschichtsträchtigen Ort, an dem bei Grabungen für ein Schwimmbad die Ruinen einer spanischen Kaserne frei gelegt wurden.

Der aus Gent stammende Abt Van der Schricht, Architekturliebhaber und Probst der Liebfrauenkirche in Brügge, wo er mehrere Häuser vor dem Verfall rettete, kaufte das Gut zu Beginn des XVII. Jahrhunderts auf.

Im Laufe der Jahre waren nacheinander einige Bauern und alteingesessene Familien der Region Eigentümer des Hofes. Augenblicklich ist *Saint-Christophe* im Besitz der Fotografin Patricia Matthieu aus Wynendale. Damme hatte Praticia von ihrer Kindheit an fasziniert. Wenn die Winter kalt genug waren, lief sie Schlittschuh auf dem Kanal. Jahre später entdeckte sie diesen mythischen Ort ihrer Kindheitsträume wieder. Der Hof *Saint-Christophe* stand zum Verkauf, sie kaufte ihn, und ein Traum wurde Wirklichkeit. Hier verbringt Patricia ihre Wochenenden und ihre Ferien.

Mitte des XII. Jahrhunderts legten im Hafen von Damme Hunderte Schiffe aus aller Herren Länder an. Der Fluch einer verhexten Sirene wurde der Hafenstadt zum Verhängnis, das Meer zog sich zurück, der Hafen versandete und ent-

Die Glyzinie scheint so alt wie die Gebäude des Hofs Saint-Christophe. Die Besitzerin des Hofes, Patricia Matthieu aus Wynendale hat ihr Haus mit Familienmöbeln und Fundstücken vom Flohmarkt prunkvoll eingerichtet.

Ahnenfotos wachen im Esszimmer des Hofs De Stamper.

schlief. Die Flut kam nie wieder bis Damme, das heute verträumt an einem romantischen Kanal liegt.

Wer diese kleine Stadt mit wunderbarer Architektur besucht, betritt eine andere Welt. Die Pflasterstraßen mit den alten Häusern und Kneipen erinnern an den Lokalhelden: *Tijl Uilenspiegel*. Sein Museum ist im „*Grote Sterre*" untergebracht, einem herrlichen Giebelhaus aus dem XV. Jahrhundert neben dem Rathaus. Die schönen Ziegelhäuser strahlen eine nostalgische Frische aus. Die vor den Restaurants abgestellten Autos wirken dagegen wie eine Beleidigung der friedlich wie das Wasser des benachbarten Kanals dahin fließenden Zeit. Doch man sollte sich nicht täuschen lassen. Damme lebt! Die Bäckerei ist jeden Tag geöffnet, und die zahlreichen Traktoren auf der Straße sind ein untrügliches Zeichen für die Vitalität der Höfe.

Gegenüber vom Rathaus ist ein Teil des Bekleidungsgeschäftes *Indigo* ethnischen Objekten und kleinen Geschenkideen vorbehalten: Tischsets, Marseiller Seife, Weihrauch, usw.

Der Platz des *Marché-aux-Harengs* erinnert daran, dass Damme einst ein wichtiger Ort für den Fischhandel war. Mitte des XV. Jahrhunderts wurden hier jährlich 28 Millionen aus Schonen importierte Fassheringe verkauft.

Der Antiquitätenhändler Jean-Philippe Demeyer aus Le zoute präsentiert im Schatten des wunderschönen Freiheitsbaum seine Penaten. Demeyer hat sich ein kleines Haus aus dem XIX. Jahrhundert ausgesucht, das mit den Nachbarhäusern zu einem ehemaligen Godshuis zu gehören scheint. Für nichts auf der Welt möchte Demeyer anderswo als in Flandern leben. Er liebt Flandern und kennt die verwunschensten Ecken, ob kleine Pfade mit herrlichen Ausblicken oder die besten Badeplätze im Kanal. Außer seiner Vorliebe für alles Schöne – Häuser, Gärten, Objekte – schien ihn nichts zum Antiquitätenhändler zu bestimmen. Als Sohn eines Rechtsanwalts ging er den üblichen Weg bis hin zum Studium des Notarrechts. Doch seine Leidenschaft für Möbel und Objektkunst sollte bald Oberhand gewinnen: Er absolvierte ein Praktikum bei Paul De Grande in Snellegem und eröffnete kurze Zeit später sein eigenes Geschäft in Le Zoute. Edel und originell soll es sein. In seinem Haus stehen hübsche regionale Möbel wie ein Brügger Schrank aus dem XVII. Jahrhundert, der als Ablage für seine Kunstbücher dient, ein Tuchmachertisch, auf dem Büsten aus gebranntem Ton aus dem XVII. Jahrhundert und flämische Barocksäulen posieren. Auf einem schwarz gestrichenen Gipskamin steht eine Karte, die Damme, umgeben von

Oben: Hier entlang geht es zu den drei Gästezimmern.

Unten: Das von Philip Simoen eingerichtete Restaurant Den Heerd ist auf Grillplatten spezialisiert.

seinen Festungsanlagen, zeigt. Die Überreste kann man heute noch aus Demeyers Haus sehen.

Die im XV. Jahrhundert im gotischen Stil fertiggestellte Liebfrauenkirche wurde 1578 von den Truppen des Prinzen von Oranien in Brand gesetzt und 1725 zum Teil zerstört. Neben anderen religiösen Kunstobjekten sind in der Kirche Holzstatuen der Apostel aus der Zeit um 1400 und ein bemerkenswertes Retabel zu bewundern, das eine blutige Kreuzigung zeigt.

Restaurants gibt es viel in Damme, doch die meisten bedürfen dringend einer Modernisierung, sowohl ihrer Küche als auch ihrer Einrichtung. Einige der Restaurants haben die ewigen klassischen Menüs und die pseudo-rustikale Einrichtung aufgegeben. Zu diesen gehört das *Eethuis de Zuidkant* in der Nähe des Marktplatzes. Kaminfeuer und Mobiliar von verschiedenen Flohmärkten lassen es äußerst romantisch erscheinen.

Lynn und Christophe haben immer in Restaurants gearbeitet, das *Eethuis de Zuidkant* haben sie gemeinsam eröffnet. Auf den Tischen stehen gravierte Gläser und Kerzenfläschchen, die Servietten sind mit mit Strohhalmen zusammen geknotet. Im Sommer kann man sich auf der kleinen Terrasse hinter dem Restaurant bedienen lassen. Die Karte ist knapp und ändert sich alle drei Wochen. Auf der anderen Straßenseite liegt das wunderschöne *Den Heerd*, dessen Wände Philip Simoen mit blau gestrichenen Brettern verkleidet hat. Eine willkommene und vor allem gelungene Abwechslung zum flämischen Bauernstil, der in dieser Gegend seit fünfzig Jahren in Mode ist. Um die Tische auf der hübschen Terrasse stehen Sessel von Lyod Loom, und zu den Spezialitäten des Hauses gehören unter anderem Grillplatten und Grüner Aal in Sahne. Die urigste Adresse vor Ort findet man Richtung Lapscheure, wenn man rechts in den *Zuiddijk* einbiegt. Das von Wiesen und Weiden umgebene *Hofstede De Stamper* ist ein wunderschöner Hof aus dem XVII. Jahrhundert. Als Marc Nyssen den Familienbesitz erbte, war ihm klar, dass er den Hof nicht umbauen, sondern den spröden Charme nutzen wollte. Das Resultat kann sich sehen lassen. Die Bodenkacheln konnten erhalten werden, in der Küche steht noch der alte Holzofen, und ein offener Kamin heizt den Essraum mit den langen Bauerntischen. Von den Wänden blicken Fotografien der Vorfahren. Die drei Zimmer der Herberge muss man Monate im voraus reservieren. Und auf Vorbestellung kann man die Erzeugnisse des

In der Umgebung von Oostkerke: Ursprünglichkeit und moderne Gartenanlagen können sehr wohl zusammenpassen. Die Weiden scheinen aus den Hecken heraus zu wachsen.

Bauernhofes kosten, der immer noch betrieben wird. Die Torten werden mit Früchten der eigenen Obstbäume belegt, Brot wird einmal wöchentlich im Holzofen gebacken, und das Fleisch von den Tieren aus eigener Zucht ist garantiert hormonfrei.

Die Ufer des Kanals von Damme nach Oostwijk stehen unter Denkmalschutz und verzaubern den Betrachter mit einer seltenen Poesie. Hinter einer kleinen Brücke liegt zwischen zwei Kanälen das *Siphon*, eine echte Institution. Sonntags ist das Restaurant überfüllt, und die Gäste sind eines breughelschen Gemäldes würdig. Grüner Aal, rotes Fleisch und Grand Crus von der außergewöhnlichen Weinkarte werden auf rotkarierten Tischdecken serviert. In Oostkerke ist vor allem die Kapelle bemerkenswert, die auf dem Grab des schottischen Prinzen Guthagon erbaut wurde, dessen Reli-

Aus dem XVIII. Jahrhundert stammt der wunderschön restaurierte Hof Saint-Jacques. Da er mitten in den Feldern steht, hat man von allen Zimmern aus einen herrlichen Ausblick.

quien in der Kirche Saint-Quentin aufbewahrt werden. Ein hübscher Spaziergang führt zu einem wieder aufgebauten Schloss, das von Wassergraben und einem Garten umgeben ist, über den eine launige Schlossherrin wacht.

Wer sich in dieser Gegend niederlassen möchte, braucht viel Glück und Geduld, um einen Hof mitten in den Feldern finden. Der Besitzer des *Saint-Jacques*-Hofes, ein Brügger, der zwischen einem Häuschen am Kanal und dem Landleben pendelt, hatte dieses Glück.

An einem ehemaligen Pilgerweg nach Santiago de Compostella in der Nähe der kleinen Kirche von Hoeke taucht der Hof plötzlich aus den Feldern auf, auf denen friedlich Kühe und Schafe weiden. Als dieser Ästhet aus Brügge den Hof vor einigen Jahren entdeckte, musste er zuerst einige kleine Landhäuser abreißen lassen, die den Hof verunstalteten. 250 Bäume – vornehmlich Obstbäume – wurden angepflanzt. Um den ursprünglichen Charakter des Hofes zu bewahren, erhielt die Scheune einen Dachstuhl nach

Einziges Überbleibsel der Abtei Ter Doest ist diese gotische Scheune. Hier lagerten die Mönche ihre Ernte und den Zehnten, den sie erhielten.

alter Art. Und das Dach wurde mit alten Ziegeln gedeckt. Beim Anblick der Möbel und der Dekoration des Hauses gerät man ins Schwärmen. Die Küche neben dem Salon wird von einem AGA-Herd beheizt, der wie ein Gemälde von Vermeer mit Delfter Kacheln umgeben ist. Vom Salon wird die Küche durch die Theke eines Eisenwarenhändlers getrennt. Das Wohnhaus ist von Terrassen umgeben, so dass man zu jeder Tageszeit einen wunderschönen Ausblick auf die Landschaft genießen kann.

Das Restaurant *De Waterput* ist nicht leicht zu finden, doch die kulinarischen Genüsse, die den Gast hier erwarten, entschädigen für einige Irrungen. Auf der Speisekarte steht geschrieben, dass der Besucher eine spontane Küche zu erwarten hat, kein Menü, wie Willy Bataillie, der Chef, erklärt: *„Ein bisschen Fleisch, ein bisschen Fisch, mehr gibt es nicht!"* Doch Ihr Gaumen wird verwöhnt, alle Zutaten kommen frisch vom Markt – und der Opernliebhaber lässt zwischen Nachspeise und Käseplatte schon mal eine

Mozartarie in voller Lautstärke auf seine Gäste niederprasseln. Das Restaurant, das von Freitag bis Montag geöffnet hat, ist ständig ausgebucht.

Auf der Straße nach Lissewege steht die gotische Scheune *Aux Dîmes* – sie ist alles, was übrig geblieben ist von der ehemaligen Abtei *Ter Doest*, einer Dependance der im XII. Jahrhundert gegründeten Dünenabtei.

Im Zentrum von Lissewege, einem der verträumtesten Dörfer dieses Landstrichs, befindet sich in einem rustikalen Hof mit dem Restaurant *Goedendag* eine klassische Adresse.

Zum Abschluss dieses Spaziergangs lohnt sich ein Abstecher nach *Houtave*, ein Dorf aus dem XVII. Jahrhundert. Der Gasthof *De Drie Koningen* hat nur am Wochenende geöffnet und erinnert mit seinem rustikalen Ambiente an vergangene Zeiten. Kaum einer der Gäste würde sich wundern, wenn plötzlich Hand in Hand Tijl Uilenspiegel und seine Neele das Lokal betreten und Lamme Goedzak mit rauher Stimme ein Gueuze bestellen würde.

Der Kontrast zwischen der belebten Küste und der Ruhe dieser Polderdörfer, in denen die Zeit stehen geblieben zu sein scheint, ist vor allem im Sommer faszinierend. Und doch kann man selbst von hier aus nach einer halben Stunde Radweg wieder ein Bad in der Menschenmenge – und in der Nordsee – nehmen.

Die besten Adressen

■ OSTENDE, WIE PHÖNIX AUS DER ASCHE

OSTENDE (8400)
Hotels und Restaurants
- Hôtel Oostends Compagnie
Restaurant Au Vigneron
79, Koningsstraat
Tel.: 059/70.48.16.
- Jan's Café
60, Van Iseghemlaan
Tel.: 059/70.19.34.
- Hôtel Thermae Palace
7, Astridlaan
Tel.: 059/80.66.44.
- Villa Maritza
76, Albert Ier Promenade
Tel.: 059/50.88.08.
- Savarin
75, Albert-1er Promenade
Tel.: 059/51.31.71.
- North Sea Yacht-Club
Yachthaven
1, Montgomery
Tel.: 059/70.27.54.
- Adelientje
9, Bonenstraat
Tel.: 059/70.13.67.
- Mosselbeurs
10, Dwarsstraat
Tel.: 059/80.73.10.
- In de Stad Kortrijk
119, Langestraat
Tel.: 059/70.71.89.
- Antique Center
67, Langestraat
- Hulpiau
41b, Langestraat
Tel.: 059/70.35.59.
- James
34, galerie James-Ensor
Tel.: 059/70.52.45.
- Hôtel et Brasserie du Parc
3, Marie-Joseplein
Tél.: 059/70.16.80.
- La Pipe
4, Madridstraat
Tel.: 059/70.43.84.
- Ryco
2, Dr.-Moreauxlaan
Tel.: 059/32.14.52.

- Taverne Vismijn
1, Kantinestraat
Tel.: 059/32.14.09.

MUSEEN
- maison james ensor
27, Vlaanderenstraat
Tel.: 059/80.53.35.
- Musée du folklore De Platte
Wapenplein
Tel.: 059/80.53.35.
- Musée des Beaux-Arts
Wapenplein (2e étage)
Tel.: 059/80.53.35.
- Musée provincial d'Art Moderne
11, Romenstraat
Tel.: 059/50.81.18.

SCHIFFFAHRT
- Lefebvre Sails
43-44, Baelskaai
Tel.: 059/32.11.76.
- Schulschiff Mercator
Tel.: 059/70.56.54.

IN DER UMGEBUNG VON OSTENDE
- Fossenhol
29, Stenedorpstraat
8400 Stene.
Tel.: 059/70.01.99.
- 't Genoegen
23, Stenedorpstraat
8400 Stene.
Tel.: 059/70.34.17.

■ DIE WESTKÜSTE: KÜSTE DER BOHEME

Nieuwpoort (8620)
- K.Y.C.N.
1, Krommehoek
Tel.: 058/23.33.53.
- Café de Paris
16, Kaai
Tel.: 058/24.04.80.
- Brasserie 't Boothuis
31, Zeedijk
Tel.: 058/24.32.56.

LEBENSMITTEL
- Poissonnerie Gaétane
35, Kaai
Tel.: 058/23.70.68.

OOSTDUINKERKE (8670)
- Nationales Fischereimuseum
4, rue Pastoor-Schmitzstraat
Tel.: 058/51.24.68.
- Taverne Rubens
442, Zeedijk
Tel.: 058/31.57.11.
- De Spelleplekke
10, Ijslandplein
Tel.: 058/51.68.43.
- Boothotel Peniche
4, Albert I Laan
Tel.: 058/51.10.92.

SINT-IDESBALD (8670)
- Pension Églantine
3, Dumontlaan
Tel.: 075/86.03.66.
- L'atelier en Folie
162, Strandlaan
Tel.: 058/51.89.72.
- De Kokkel
6, Strandlaan
Tel.: 058/51.15.58.
- Koksijde Yachting-Club VZW
8, Dumontlaan
Tel.: 058/51.35.71.

DE PANNE (8660)
- Mon Bijou
94, Zeelaan
Tel.: 058/41.11.05.
- De Braise
1, Bortierplein
Tel.: 058/42.23.09.
- Hostellerie Le Fox
2, Walckierstraat
Tel.: 058/41.28.55.

VEURNE (8630)
- Hôtel De Loft
36, Oude Vestingstraat
Tel.: 058/31.59.49.
- Musée de la Boulangerie
2, Albert-I Laan
Tel.: 058/31.38.97.
- Ardenneesje
17, Noordstraat
Tel.: 058/31.31.17.
- Brasserie restaurant Excelsior
31, Grote-Markt
Tel.: 058/31.10.86.

IN DER UMGEBUNG VON VEURNE
- Fondation Georges Grard
1, Ekestraat
8690 Gijverinkhove.
Tel.: 058/29.82.19.
- Bachten De Kupe
84, Groen Straat
8690 Gijverinkhove.
Tel.: 058/29.81.67.
- Taverne Caesarshof
11/13, Hogebrugstraat
8647 Lo.
Tel.: 058/28.95.82.
- Château de Beauvoorde
Wulveringemstraat
8630 Beauvoorde.
Tel.: 058/29.92.29.
- Village d'Antan
- Bachten De Kupe
Place Sainte-Mildrède
8647 Izenberge.
Tel.: 058/29.80.90.
- Brasserie De Snoek
Fortem
Tel.: 058/28.96.74.

■ LUXUS UND PARADOXIE: DIE OSTKÜSTE

DE HAAN (8420)
ANMIETUNG VON EIDERENTE-HÄUSERN
Tel.: 059/23.60.66.
- Manoir Carpe Diem-restaurant Le Manoir
12, Prins Karellaan
Tel.: 059/23.32.20.
- Het Galjoen
24, Jean-d'Ardennelaan
Tel.: 059/23.47.01.
- Gästezimmer
Solange Mertens
Tel.: 059/23.66.33.
- 't Zuid
5, Grotestraat
Tel.: 059/23.40.23.

WENDUINE (8420)
- Four et Fourchette
2, Graaf Jansdijk
Tel.: 058/42.82.30.

BLANKENBERGE (8370)
• Brasserie Oosterstaketsel
Eingangs des Jachthafens auf dem Wehr
• Oesterput Devriendt
16, Oude Wenduinsesteenweg
Tel.: 050/41.26.96.

ZEEBRÜGGE (8000)
• Royal Belgian Sailing Club
Clubhouse Alberta
Port de Zeebrügge
Tel.: 050/54.41.97.
• Fishbone
109-111, Vismijn
Tel.: 050/55.12.12.
• Le Chalut
26, Rederskaï
Tel.: 050/54.41.15.
• 't Molentje
211, Baron de Maerelaan
Tel.: 050/54.61.64.

HEIST (8300)
• Hôtel Bristol
291, Zeedijk
Tel.: 050/51.12.20.
• Bartholomeus
267, Zeedijk
Tel.: 050/51.75.76.

DUINBERGEN (8300)
• Cap Horn
Coin Zeedijk
Anemonenlaan
Tel.: 050/51.05.34.

KNOKKE UND
LE ZOUTE (8300)
HOTELS
• Britannia
Elisabethlaan 85
Tel.: 050/60.14.41.
• Clubhouse du Golf
14, Caddiespad
Tel.: 050/60.16.17.
• Manoir du Dragon
73, Albertlaan
Tel.: 050/63.05.80.
GÄSTEZIMMER
• Babett
Graaf Jansdijk
Tel.: 050/60.46.46.

RESTAURANTS
• Marie Siska
177, Le zoutelaan
Tel.: 050/60.17.64.
• 't Kantientje
103, Lippenslaan
Tel.: 050/60.54.11.
• Brasserie André
270, Graaf Jansdijk
Tel.: 050/60.21.25.
• Royal Le zoute Golf-Club
14, Caddiespad
Tel.: 050/60.16.17.
• Knokke-out café
7, Astridlaan
Tel.: 050/60.12.26-02/648.69.02.
• Si Versaille
795, Zeedijk
Tel.: 050/60.28.50.
CAFÉS
• Surfers Paradise
Tel.: 050/61.59.60.
GALERIEN
• Bernard Cats
124-126, Kustlaan
Tel.: 050/62.00.71.
• Patrick De Brock
11, Strandstraat
Tel.: 050/62.13.09.
• André Simoens
130, Kustlaan
Tel.: 050/61.00.87.
ANTIQUITÄTEN
• Jean-Philippe Demeyer
5, Ebbestraat
Tel.: 075/89.61.67.
• Jansens
16, Duindistelstraat
Tel.: 050/61.09.19-60.20.54.
• Steppe & Oase
766, Zeedijk
Tel.: 050/62.43.61.
• Garnier
134, Kustlaan
Tel.: 050/62.56.25.
DEKORATION
• Home Store
6, Lichttorenplein
Tel.: 050/62.21.86.
• Vandekerkckove
285, Kustlaan
Tel.: 050/61.50.12.

• Flamant
114, Kustlaan
Tel.: 050/62.82.80.
• Dominique Desimpel
1, Albertlaan
Tel.: 050/62.82.62.
LEBENSMITTEL
• Souvereyns
92, Sparrendreef
Tel.: 050/62.70.14.
• Gaelens
68, Kustlaan
• Irma
24, E.Verhaerenin
Tel.: 050/60.14.33.
• Boxys
1, Minister Liebaertlaan
Kortrijk.
Tel.: 056/22.22.05.

■ ZEELAND: MIT DEM MEER
UND GEGEN DAS MEER

• Veerhoeve
6, Provincialeweg
Retranchement.
Tél./fax : 0117/46.22.07.
• Oud Sluis
2, Beestenmarkt
Sluis.
Tel.: 0117/46.12.69.
• Jacht-Club Breskens
1, Oosthavendam
Breskens.
Tel.: 0117/38.32.78.
• Auberge de Campveerse
toren
2, Kaai
Veere.
Tel.: 0118/50.12.91.
Fax : 0118/50.16.95.
• Arend Jan van der Horst
8, Oude Hoeveweg
Goes.
Tel.: 0113/56.72.23.
• Manoir Inter Scaldes
2, Zandweg
Kruiningen-Yerseke.
Tel.: 0113/38.17.53.
• Nolet
5, Yachthaven
Yerseke.
Tel.: 0113/57.16.42.

■ BRÜGGE, DIE UNWANDELBARE

BRÜGGE (8000)
HOTELS
• Oud Huis Amsterdam
3, Spiegelrei
Tel.: 050/34.18.10.
• Duc de Bourgogne
12, Huidenvettersplein
Tel.: 050/33.20.38.
• de Orangerie
10, Kartuizerinnenstraat
Tel.: 050/34.16.49.
• Montanus
78, Nieuwe Gentweg
Tel.: 050/33.11.76.
Fax : 050/34.09.38.
RESTAURANTS
• Den Gouden Harynck
25, Groeninge
Tel.: 050/33.76.37.
• Karmeliet
19, Langestraat
Tel.: 050/33.82.59.
• Café des Arts
32, Markt
Tel.: 050/33.34.68.
• Den Dyver
5, Dyver
Tel.: 050/33.60.69.
• Raymond
5, Eiermarkt
Tel.: 050/33.78.48.
• Ambrosius
53/55, Arsenaalstraat
Tel.: 050/34.41.57.
• Bij Olivier
9, Meestraat
Tel.: 050/33.36.59.
• De Belegde Boterham
5, Kleine Sint Amandstraat
Tel.: 050/34.91.31.
CAFÉS
• Vlissinghen
2, Blekersstraat
Tel.: 050/34.37.37.
• 't Brugs Beertje
5, Kemelstraat
Tel.: 050/33.96.16.
WEINE
• Michel Van Acker
Établissements Jacques Feys
1b, Raamstraat
Tel.: 050/33.21.98.

FISCH
• De Gouden Karpel
9-11, Vismarkt
ANTIQUITÄTEN
• Oud Tegelhuis
2, Peerdenstraat
Tel.: 050/34.01.03.
• Storme
7, Eckhoutstraat
Tel.: 050/33.35.63.
• G & M Pollentier-Maréchal
8, Sint-Salvatorskerkhof
Tel.: 050/33.18.04.
• Meire
9, Sint-Salvatorskerkhof
Tel.: 050/33.68.40.
• Jean Moust
15, Mariastraat
Tel.: 050/34.44.35.
• Yannick De Hondt
139, Ezelstraat
Tel.: 050/34.51.46.
• Alain Garnier
32, Kroonstraat
Tel.: 050/31.31.19.
KUNSTHANDWERK
• Pol Standaert
Kamine
48, Witte Leertouwersstraat
Tel.: 050/33.27.32.
MUSEEN
• Groeningemuseum
12, Dijver
Tel.: 050/44.87.11-50.
• Gruuthusemuseum
17, Dijver
Tel.: 050/44.87.11-62.
• Arendshuis
16, Dijver
Tel.: 050/34.94.78.
• Memlingmuseum
38, Mariastraat
Tel.: 050/44.87.11-70.
• Musée du Folklore
40, Rolweg
Tel.: 050/33.00.44.
• Centre de la dentelle
3, Peperstraat
Tel.: 050/33.00.72.
• Museum Guido Gezelle
64, Rolweg
Tel.: 050/44.87.11-34.30.04.

■ IM BRÜGGER HINTERLAND

• Philip Simoen
9, Sint-Sebastiaanstraat
8490 Varsenare.
Tel.: 050/38.80.71.
• Johann Grip
20, Torhoutsesteenweg
Tel.: 050/39.29.30.
• Museum Constant Permeke
341, Gistelsteenweg
8490 Jabbeke.
Tel.: 050/81.12.88.
• Paul De Grande
5, Kasteldreef
Snellegem.
Tel.: 050/81.36.88.

DAMME (8340)
• Indigo
15, Kerkstraat
Tel.: 050/37.03.31.
• Eethuis de Zuidkant
6, J. Van Maerlantstraat
Tel.: 050/37.16.76.
• Den Heerd
7, J. Van Maerlantstraat
Tel.: 050/35.44.00.
• Hofstede De Stamper
12, Zuiddijk
Tel.: 050/50.01.97.

RUND UM DAMME
• Siphon
1, Damsevaart Oost
8340 Oostkerke
Tel.: 050/62.02.02
• De Waterput
1, Rondsaartstraat
8340 Oostkerke
Tel.: 050/59.92.56.
• Goedendag
2, Lissewegesvaartje
8000 Lissewege
Tel.: 050/54.53.35.
• Drie Koningen
8377 Houtave.
Tel.: 050/31.40.60.

Bibliografie

- Legougeux (Louis), Blankenberge, Histoire et Souvenirs, H. Laga-De Snick.
- Ardenne (Jean d'), Guide descriptif illustré de la côte de Flandres et des plages de la mer du Nord, Mertens.
- Pasquini (J.-N.), Histoire de la ville d'Ostende et du port, Hauman.
- Bartholeyns (E.), La Côte belge de La Panne à Knokke, Callewaert.
- Flou (Charles de), Promenades dans Bruges, Benard.
- Ydewalle (Charles, d'), Le Roman de Knokke-le-Le zoute, Omnia.
- Dumont (Jacques), Bruges et la mer, Charles Dessart.
- Vercammen (Jan), Bruges, Paul Legrain.
- Le Guide des Maisons d'hôtes et de caractère en Belgique, Éditions de l'Octogone.
- Opdedrink (J.), Histoire de Knokke, Lannoo.
- Joiret (Michel), La Mer du Nord, Art de vivre et gastronomie, Pré-aux-Sources/Bernard Gilson.
- Dusausoit (Yvan) et Orban (Jean-Pierre, La Mer du Nord, Editions Pré-aux-Sources/Bernard Gilson.
- Gilson (Yves), La Mer du Nord, Art pictural, Pré-aux-Sources/Bernard Gilson.
- Dusausoit (Yves), La Mer du nord : les écrivains et l'imaginaire du lieu, Pré-aux-Sources/Bernard Gilson.
- Belgique Luxembourg Guide Bleu, Hachette.
- Flandre (Le Guide), La Renaissance du Livre.
- Bruges (Le Guide), La Renaissance du Livre.
- Le Grand Guide de la Belgique, Bibliothèque du Voyageur, Gallimard.
- Burggraeve (Guido) et Decleer (Michel), Le Zwin entre terre et mer, Marc Van De Wiele.
- Saint-Hilaire, La Flandre mystérieuse, Rossel.
- La Cuisine des Belges, Éditions du Chêne.
- Bruges et le pays flamand, Guide Bleu Évasion, Hachette.
- Devliegher (Luc), Les Maisons à Bruges, Lannoo.
- Van Jole (Marcel) et Gheeraert (Marie-Anne), Georges Grard catalogue raisonné, Stichting Kunstboek.
- Histoire de la peinture en Belgique, La Renaissance du Livre.
- Legrand (Francine-Claire), Ensor, La Renaissance du Livre.
- Emerson (Barbara), Delvaux, Fonds Mercator.
- Tricot (Xavier), Léon Spillaert, Pandora.
- Legrand (Francine-Claire), Spillaert, Fonds Mercator.
- Steinmetz (F.), Bruges et ses plus beaux tableaux, Desclée de Brouwer.
- Histoire de Flandre, La Renaissance du Livre.
- Vermeesch (Valentin), Bruges et l'Europe, Fonds Mercator

Dank

Die Autorin möchte ganz herzlich allen danken, die ihr bei der Arbeit an dieser Publikation behilflich waren:
Dominique G. Marchal, Éric Lippens, Éline de Potter und Françoise Callier.
Mein besonderer Dank gilt Olivier Strebelle, der für mich seinen Erinnerungen an die Küste wieder wachgerufen hat.

Unser Dank gilt auch all denen, die uns vor Ort mit Rat und Tat zur Seite standen:

- in Le Zoute: die Gräfin Lippens, Françoise und Paul Geerinckx, Dominique Koch, Ruth und Christian Souvereyns, Béa Mombaers, Comte Léopold Lippens, Dirk De Paepe, Carine, Stefan und Kristof Boxy, Muriel Seynaeve, Monique Brahié, Dominique Desimpel, Jean-Philippe Demeyer;
- in Brügge: Jean-Pierre Drubbel vom Fremdenverkehrsamt, Alain Garnier, Philip Simoen, Hotel Oud Huis Amsterdam, Paul Van Den Berghe;
- in De Haan: Bernadette und François Piers;
- in Ostende: Serge Govaerts, Pascale Pinsard vom Fremdenverkehrsamt, Anne und Guy Hulpiau;
- in La Panne: Josyane Gysbrecht, Yvette Feryn vom Fremdenverkehrsamt;
- in Heist: Liliane Delacourt (Hotel Bristol);
- in Nieuwpoort: Chris Yperman D'Haese;
- in Sint-Idesbald : Francine Van Mieghem und Zoé Uytdenhoef;
- in Damme: Marc Nyssen (vom Hof Stamper);
- in Oostduinkerke: Dominique Vermast, Roland Dewulf, Eddy Doster, André Vermoote;
- in Veurne: Cécile Donck-Vermeulen (Brasserie Excelsior).
- in Blankenberge: André Stubbe (Restaurant Osterput);
- in Zeeland: Arend Jan van der Horst.